키즈 철학 일타강사의 코칭법

키즈 철학이 상위 1% 아이를 만든다

키즈 철학 일타강사의 코칭법
키즈 철학이 상위 1% 아이를 만든다

초판 1쇄 인쇄 ㅣ 2023년 3월 10일
초판 1쇄 발행 ㅣ 2023년 3월 20일

지은이 ㅣ 하양욱 **펴낸이** ㅣ 박찬욱 **펴낸곳** ㅣ 오렌지연필
주소 ㅣ 경기도 고양시 덕양구 삼원로 73 한일윈스타 1422호
전화 ㅣ 031-994-7249 **팩스** ㅣ 0504-241-7259 **이메일** ㅣ dayeonbook@naver.com
본문 ㅣ 미토스 **표지** ㅣ 강희연

ISBN 979-11-89922-41-2 (03370)

※ 잘못 만들어진 책은 구입처에서 교환 가능합니다.

키즈 철학 일타강사의 코칭법

키즈 철학이 상위 1% 아이를 만든다

하양욱 지음

오렌지연필

Prologue
왜 우리는 주입식의 교육을 하죠?

❝ 이 좋은 철학 교육을
아이들이 어렸을 때부터 마음껏 할 수 있도록
도와주는 일이 우리의 할 일이다! ❞

17년이라는 시간 동안 어린이들을 위한 철학 교육을 해 오고 있습니다. 그 시간 동안 많은 독서 논술 교육기관들이 생기고 사라지는 상황을 목격했습니다. 그 사이 저는 대학은 다르지만 똑같이 철학을 전공한 남편과 함께 철학 논술을 교육하면서 철학 교육이 더 전파되길 바라는 마음으로 굳건히 자리를 지키고 있습니다. 오늘도 저희 부부는 '필로스코 철학 논술' 센터에서 아이들을 가르치는 일에 매진했습니다. 저는 유아, 어린이 철학을 중점적으로 지도하고 남편은 중고등 철학 논술을 전문적으로 교육하고 있습니다.

지금으로부터 17년 전, '이 좋은 철학 교육을 아이들이 어렸을 때부터 마음껏 할 수 있도록 도와주는 일이 나의 할 일이다!'라는 생각으로 포문을 열었습니다. 어린이 철학 교육은 주로 서울에서만 이루어지고 있었기 때문에 무작정 어린이 철학 교육 연구소, 닥터 필로스, 메타 철학 교육 연구소, 우리 철학 교육 연구소 등에 배우고 싶다고 메일을 보내고 전화를 했습니다. 사막에서 오아시스를 찾는 심정으로 어린이 철학 교육을 전문적으로 배우고 싶다는 간절한 소망을 품고 문을 두드렸습니다.

다행히 두 곳에서 연락이 와 부족한 저를 가르쳐 주셨고 3년을 넘게 서울을 오가면서 어린이 철학 교육을 배웠습니다. 새벽 첫차를 타고 서울에 올라가 막차를 타고 내려올 때는 마산 시외버스터미널에 새벽 두 시가 넘어 도착합니다. 그런 날엔 아버지께서 마중을 나와 주시거나 택시를 타고 집에 들어갔고, 어떤 날엔 찜질방에서 자기도 했던 기억이 아직도 생생합니다.

철학을 전공하면서 인간과 현상에 대해 깊이 사유하고 의미를 찾는 과정이 너무도 행복하고 좋았던 나머지 '이 좋은 철학 교육을 어렸을 때부터 했다면 얼마나 좋았을까?'라고 생각했습니다. 지도교수님이신 이훈 교수님께서 어린이 철학 교육의 길을 열어 주셨으며 그 후에는 김재현 교수님의 지속적인 지도로 어린이 철학 교육을 계속 할 수 있었습니다.

창원에서 '필로스코 철학 논술' 센터를 운영하면서 아이들 코칭에 매진했던 그 길을 돌아보니 남들보다 더 많이 남겨 둔 것들이 있었습니다. 바로 책과 제자들, 그리고 자존감입니다. 저희 집에 처음 오시는 분들이 가장 많이 하는 말씀 중 하나가 바로 "우와, 집에 책이 아주 많네요. 특히 철학책이 많아요."입니다. 이 많은 책은 저희 아이 것이 될 것이니, 저희 부부가 아이에게 물려줄 수 있는 가장 크고 많은 재산이 책이라는 사실에 감사할 따름입니다. 책이 저희 아이의 가장 가까운 친구가 되어 평생 위로와 격려를 해 줄 것이고, 스승이 되어 가르쳐 주고 이끌어 줄 것을 알기 때문입니다.

그리고 저에게는 저보다 훨씬 뛰어난 자랑스러운 제자들이 많습니다. 저는 학벌에 대한 콤플렉스를 지녔으며 실력이 뛰어난 사람도 아닙니다. 그러나 스물세 살 때부터 가르친 제자들, 사회에 기여하고 있는 전문가들로 성장해 가고 있는 그 친구들이 곧 저의 자랑입니다. COBA 커피 대표 김동주와 동생 김동환, 연세대학교 의과대학 유석현과 수의학과 유채현 남매, 친구끼리 나란히 서울대학교를 합격했던 손하늘, 정은혜, 창원과고를 수석으로 졸업하고 카이스트에 간 김기우와 그의 후배 이영진, 그리고 일일이 이름을 다 밝힐 수 없는, 수업을 함께했던 수 많은 제사와 지금도 함께 철학을 공부하고 있는 제자들……. 저는 이들을 보며 더 열심히 살아야겠다는 원동력을 얻었고 철학 교육을 더 열심히 알려야겠다는 책임감도 가졌습니다.

마지막으로 저에 대한 자존감을 갖게 되었는데, 17년이라는 기간 동안 매일 철학을 가르치면서 먼저 나 자신을 사랑하는 방법을 깨우쳤습니다. 그래서 제가 가장 좋아하고 행복함을 느끼는 일을 통해 자아실현을 하고 직업으로까지 삼고 있습니다. 주체적으로 하고 싶은 것들을 선택하면서 자유롭고 당당하게 살아올 수 있었습니다. 늘 배우는 자세로 부족한 부분은 빨리 반성하면서 고쳐 나갈 수 있는 사람이 되었습니다. 이는 모두 철학 교육의 힘이라고 확신합니다.

부모님들과 교육 전문가들에게 권합니다. 지금 이 순간에도 세상은 변하고 있습니다. 전문 인력들도 AI로 대체되는 시대를 살고 있는 우리들입니다. 현재 시행되고 있는 수능 같은 평가 방식들이 향후 몇 년이나 지속될 것이라고 예상하십니까? 현재의 평가 방식들이 10년 안에 펑! 하고 한순간에 사라져 버려도 이상하지 않은 시대를 살고 있습니다. 물론 지금은 이러한 평가 방식을 최대한 수용하고 활용하면서 살아야 하지만 이 방식이 계속 유지되지는 않을 것이라고 인지해야 합니다. 현재의 평가 방식은 급변하는 사회를 대비하거나 새롭고 다양하게 발생하는 문제들을 해결할 능력을 기르는 데 효과적이지 않습니다.

지금부터 당장 철학하는 삶을 살아야 합니다. 아이들이 어렸을 때부터 자기 자신, 꿈, 삶에 대해 생각할 기회를 주기 위해서라도 키즈 철학이 필요합니다. 키즈 철학은 아이들 스스로 자신과 세상에 대해 점점 알아 가며 행복해지는 원동력입니다. 아이에게 당장 성적과 등수를 조금 더 높이기 위한 교육을 시킬 것인지, 어떤 자리에서도 본인이 원하는 일과 삶을 결정할 수 있는 사람으로 크도록 도와줄 것인지를 결정해야 합니다. 이 결정은 부모님들과 강사님들의 손에 달렸습니다.

《키즈 철학이 상위 1% 아이를 만든다》를 통해 '공부만 잘하는 학생'이 아닌, 공부에 대한 동기부여가 확실하고 자신이 원하는 꿈을 찾아 사회에서 좋은 영향력을 끼치며 활동하는 '진정으로 자유롭고 행복한 사람'이 되길 바랍니다.

하양욱

C
O
N
T
E
N
T
S

Chapter 7
세계로 뻗어 가는 상위 1% 아이들

Chapter 8
키즈 철학 일타강사의 자랑스러운 상위 1% 아이들

Chapter 9
키즈 철학 활동지로 상위 1%로 성장시키기

Chapter 1

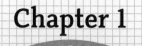

★

영어 수학
자기주도 학습을 하는
아이들은
키즈 철학을 했다

#선택권을 준 부모들

선택권을 쥔 아이는 특별한 힘이 있습니다. 그 특별한 힘은 아이가 자유롭고 행복하게 살도록 하는 원동력이 됩니다. 선택권의 자유는 철학에서 아주 중요한 주제입니다. 선택권은 인간이 가장 중요하게 생각하는 가치라는 뜻입니다. 자신이 무엇을 원하고 꿈꾸는지 아는 것은 자유롭게 살고 싶은 욕구입니다.

저희 부모님은 어렸을 때부터 저에게 선택권을 주셨습니다. 부모님은 식사 시간이면 꼭 당부하셨습니다.

"골고루 먹어라, 꼭꼭 씹어서 먹어라. 이 밥은 그냥 쌀이 아니라 농부 아저씨가 흘린 땀이다."

그러나 절대 끝까지 다 먹기를 강요하지 않으셨고, 식사 시간도 정할 수 있는 선택권을 주셨습니다.

선택권을 주면 아이가 달라집니다. 선택권을 준 교육을 한 부모님과 선택권을 쥔 꼬마 철학자는 그동안에도 많았을 것입니다. 그 꼬마 철학자들은 사회에 꼭 필요한 일을 하며 살아가고 있을 것입니다. 어린이 철학 교육이라는 이름만 안 붙였을 뿐, 철학 교육을 했던 사람들이 분명 있었습니다.

아이에게 선택권을 주면 아이는 자유롭고 행복하게 살아갈 특별한 힘을 갖습니다. 선택권의 중요성은 여러 연구를 통해서도 밝혀졌는데, 텍사스 대학의 윌리엄 B.스완 교수의 연구가 대표적입니다. 실험은 초등학교 3학년을 대상으로 진행됐습니다. 먼저 아이들 중에서 1/2에게는 갖고 놀고 싶은 것을 선택할 수 있는 선택권을 준 후 함께 그림을 그리자고 제안했더니 아이들은 스완 교수의 의견에 따라 그림을 그렸습니다. 스완 교수는 나머지 1/2 아이들에게는 선택권을 주지 않고 처음부터 그림을 그리라고 지시했습니다. 지시를 받은 아이들은 그림을 그렸습니다. 5분 후 교수는 아이들에게 그리기 시간은 끝났으니 원하는 놀이를 해도 된다고 했습니다. 그러자 처음에 선택권을 주었던 아이들 중 80%는 자유시간에도 그림을 그렸습니다. 하지만 선택권 없이 그림을 그리라는 지시를 받았던 아이들은 단지 20%밖에 그림을 그리지 않았습니다. 지시 때문에 그림에 대한 흥미가 낮아진 것입니다.

이처럼 아이들은 선택권을 주었을 때 훨씬 더 흥미를 느끼고 자기 주도적으로 몰입하여 연구한다는 사실을 알 수 있습니다. 그리고 활동할 때에도 선택권을 주면 자신의 수준에서 최적의 도전을 합니다.

리처드 드참스는 동일한 수준의 아이들과 단어 맞추기 연구를 진행했습니다. 쉬운 단어 철자를 맞히면 1점, 어려운 단어는 2점, 아주 어려운 단어는 3점을 주는 연구였습니다. 연구원들은 예비 테스트를 통해 학생들의 실력을 측정했습니다. 그리고 단어 퀴즈에 나올 단어의 수준을 세 단계로 나누어 진행했습니다. 5주 동안 진행했는데, 시간이 지날수록 학생들은 점점 어려운 단어를 선택했습니다. 왜 학생들은 쉬운 단어를 선택하지 않았을까요? 배운 단어의 수준이 높아지면서 어렵지도 쉽지도 않은, 자신에게 적절한 수준의 '적당히 어려운 단어'를 선택한 것입니다. 결국 최적의 도전을 선택한 것이지요. 아이들 스스로 향상된 자신의 실력에 맞게 한 선택을 보여 주는 연구 결과입니다.

이것이 바로 선택권을 쥔 아이가 가진 특별한 힘입니다. 부모는 선택권을 주는 연습만 하면 됩니다. 처음에는 어려울 수 있습니다. 아이를 사랑하는 마음에 아이의 행동을 대신 책임져 주고 싶은 마음과 아이가 겪는 시행착오를 줄여 주고 싶은 욕심이 있기 때문입니다. 아이에게 선택권을 주면 아이는 더 열정적으로 자신에게 맞는 최적의 도전을 한다는 연구 결과를 믿어 보길 바랍니다.

#선택권을 쥔 아이 vs 선택권을 쥐지 못한 아이

선택권을 쥔 아이와 선택권을 쥐지 못한 아이는 전혀 다른 삶을 살게 됩니다. 선택권을 쥔 아이는 자기가 원하는 삶을 자유롭게 삽니다. 그러나 선택권을 쥐지 못한 아이는 부모나 주변인의 강요로 선택을 당하게 됩니다.

자기가 원하는 것을 솔직하게 선택하는 행동은 쉽지 않습니다. 선택 전부터 선택 후에 어떤 결과가 나올지 걱정되기 때문입니다. 선택에 확신이 없거나 더 불리한 결과가 나올 수도 있다고 판단합니다. 그러면 아이는 자신 있게 선택을 못 합니다.

선택을 잘하려면 마음속 걱정을 잠깐 닫아 두는 용기가 필요합니다.

그리고 진정 내가 원하는 것이 무엇인지 알아야 합니다. 아이와의 대화를 통해 아이가 무엇을 원하는지 알아 가는 것은 자연스러워야 합니다. 아이의 생각을 받아들이는 것만이 아이가 자유롭고 행복해질 수 있는 길입니다.

불만, 고통, 불행, 분노 같은 감정들은 아이들도 자연스럽게 느끼는 감정이고 결국엔 그 감정을 표출합니다. 선택권을 쥐지 못한 아이는 부모나 주변 사람들의 강요로 인해 억지로 선택당했기 때문에 불행합니다. 선택당한 일을 하는 내내 불만에 가득 차 있으며 결과도 책임지지 않으려 합니다. 그러니 먼저 아이가 무엇을 원하는지 물어보고 경청해 주어야 합니다. 물어본다고 해서 꼭 동의, 찬성한다는 뜻은 아닙니다. 아이들은 아직 미성숙하고 경험이 부족하여 잘못된 판단을 하는 경우도 많기 때문입니다. 그러나 아이에게 선택권을 주는 연습은 꼭 해야 합니다.

#선택에는 책임도 따른다는 것을 알려 주세요

선택권을 쥐어 주고 그 선택에는 항상 책임이 뒤따른다는 것을 깨닫게 하는 것이 가장 좋은 해결책입니다. 선택의 기로에 있을 때 반드시 아이에게 먼저 물어보세요. 아이의 의견을 경청한 후 선택의 결과가 어떻게 나타날지 대화로 알려 주면 됩니다. 좋은 결과와 나쁜 결과를 각각 알려 주고 난 후 그에 대한 책임을 스스로 져야 하고, 부모도 책임이 있다면 져야 한다는 것을 알려 줘야 합니다. 결과에 따라 아이가 온전히 책임지지 못하는 상황이 온다 해도 아이는 조금씩 자신의 선택에 따른 책임을 이해하게 됩니다. 그러나 선택권을 아예 주지 않으면 책임감을 기를 연습시간이 없습니다.

우리 아이가 책임감 없이 사는 것을 바라는 부모는 없습니다. 책임감은 자유의 날개처럼 원하는 삶을 더욱 자유롭게 살도록 도와줍니다. 내 행동에 책임질 때, 남에게 피해를 주지 않고 원하는 일을 마음껏 할 수 있습니다. 어떻게 하면 그렇게 될지 생각해 봅니다.

일단 과제를 끝내면 놀이를 할 시간적 여유를 갖고 쉴 수 있습니다. 말은 쉽지만 실행하기는 어렵습니다. 아이는 당장 놀고 싶고 숙제는 미루고 싶은 마음이 크기 때문이죠. '나는 왜 이렇게 공부를 많이 해야 해? 엄마는 나한테 왜 이렇게 공부를 많이 시킬까?' 억울한 생각이 들고 책임지기 싫은 마음이 생깁니다.

결과를 예상하면서 어떤 선택이 더 좋을지, 부모는 어떤 선택을 권유하는지 말해 줍니다. 그럼에도 불구하고 아이가 자신의 선택을 고집한다면 그에 대한 책임을 본인이 지도록 하고 선택권을 줍니다. 이런 연습이 쌓여 아이는 스스로 선택하고 책임지는 방법을 배웁니다.

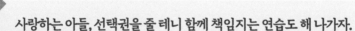

사랑하는 아들, 선택권을 줄 테니 함께 책임지는 연습도 해 나가자.

저는 아이가 초콜릿이나 마카롱 같은 과자를 먹고 싶다 하면 조금씩 주었습니다. 아이의 즐거움을 무시한 채 그저 엄마 뜻대로 무조건 튼튼한 치아와 건강을 지킨다는 생각은 엄마의 마음만 중시하는 거라고 여겼기 때문입니다. 그 결과, 신경치료 세 개와 은을 씌우는 치료를 받아야 했습니다. 초콜릿과 마카롱 같은 달달한 과자를 먹은 책임을 치아 치료로 단단히 져야 했습니다. 하지만 그 뒤부터 저와 태양이는 정신을 차리고 양치질을 열심히 하고 달달한 간식도 줄여 나갔습니다. 그 뒤로 2년이라는 시간이 지났는데도 치아가 상한 게 없습니다. 3개월에 한 번씩 정기검진을 받고, 유치 발치만 했을 뿐입니다. 물론 처음부터 제 강요와 교육으로 단것을 안 먹였다면 신경치료는 안 해도 되었지요. 그러나 치과 치료를 받으며 태양이는 스스로 양치질을 하고 정기검진을 받는 습관을 기를 수 있었습니다. 단것을 많이 먹으면 이가 썩는다는 것, 이가 썩어서 받아야 할 치료라는 책임은 자기가 져야 한다는 사실을 깨달은 것입니다. 물론 건강이 가장 중요하다는 가치관을 가진 부모님들은 주관대로 중심을 잡고 아이를 잘 교육시키면 됩니다. 건강을 등한시하라는 것이 아니라 강압적으로 지시하는 언어습관과 양육 태도를 바꾸어야 한다는 것입니다. 아이 스스로 생각하고 선택하여 행동에 책임질 수 있도록 도와주는 분위기를 만들어야 합니다.

유튜브 같은 영상을 볼 때도 마찬가지입니다. 4차 산업혁명 시대에 미디어를 차단하는 것은 쉽지 않습니다. 학교에서도 1인 1 미디어를 보급하는 시대에 말입니다. 아이들이 자율권을 잘 사용하도록 훈련시키는 것은 부모의 책임입니다. 스스로 절제하고 조절할 수 있는 자율권과 선택권을 주어야 합니다. 부모가 아이 옆에 하루 종일 붙어 있을 수 없기 때문에 아이 스스로 영상을 선택하고 절제할 수 있도록 연습시켜야 합니다. 작심 3일이 되더라도 다시 점검하고 대화를 통해 독려하고 체크하는 그 지루한 작업을 계속 해 나가야 합니다.

물론 아이에게 선택권을 주는 것은 쉽지 않습니다. 왜 쉽지 않을까요? 아직은 미성숙할뿐더러 다양한 경험이나 관점에서 생각하지 못하기에 선택권을 주는 것은 불안한 일입니다. 그럼에도 불구하고 선택권을 주는 연습은 아이와 부모가 함께 해 나가야 합니다. 아이에게는 반찬을 골라 먹는 순간, 과자를 선택하는 순간, 장난감을 선택하는 순간, 학원을 다니거나 그만둬야 하는 순간 등이 생깁니다. 그럴 때마다 아이들은 자신의 선택을 통해 스스로 행복을 찾아야 합니다.

대부분의 부모들은 선택권을 준다고 하면 아이를 방치하는 부모를 떠올립니다. 그러나 요즘은 방치보다는 아이를 과잉보호하고 모든 일을 아이에게만 맞춥니다. 그래서 부모가 모든 것을 알아서 대신 해 주면서 선택권을 뺏습니다. 그들은 어릴 때 선택권을 존중받지 못하고 다른 사람들의 선택에 의존해 온 사람들일 가능성이 높습니다. 부모에게, 선생님에게, 혹은 자기가 원하는 일을 먼저 이룬 사람들의 삶에 의존하고 따라하기 바빠서 자기가 진정으로 원했던 삶을 모릅니다. 이런 부모 밑에서 자란 아이들은 결국 누군가에게 의존하는 어른으로 성장합니다.

선택권을 주지 않는 부모는 아이와의 관계도 어렵습니다. 부모가 원하는 것을 아이에게 선택하도록 강요하고 유도하기 때문에 아이의 선택의 자유가 사라집니다. 그러나 아이도 자식이 잘 되길 바라는 부모의 마음을 모르는 것이 아닙니다. 어려운 일이지만 마음을 굳게 먹고 권유와 지도는 해 주어야 합니다. 따라서 아이에게 선택권을 준다는 의미를 잘 생각해 봐야 합니다.

아이에게 선택권을 주기 위해서는 많은 연습과 노력이 필요합니다. 단순히 선택권을 던져 주고 방치하는 것은 아이를 망치는 무책임한 일입니다. 아이를 나의 욕망을 대신 이루어 줄 대상으로 생각해서는 안 됩니다. 아이의 영광이 나의 트로피가 되지 않도록 해야 합니다. 아이가 진정으로 원하는 것이 무엇인지 관심을 갖고 아이의 생각을 경청하는 것부터 시작해야 합니다. 아이의 마음을 들여다보면서 아이가 원하는 것을 할 수 있도록 도와주어야 합니다. 그래서 아이가 해서는 안 될 일, 할 수 없는 일들을 하고 싶어 할 때에는 옆에서 가르쳐 주고 충고하여 올바른 선택을 할 수 있도록 함께 연습해 나가야 합니다.

교외 체험 학습? 교외 철학 학습!

#철학 여행법

사람들은 왜 여행을 떠날까요? 새로움이 필요해서입니다. 우리는 살아가면서 새로운 것을 기대하고 희망을 갖습니다. 여행의 묘미도 익숙한 공간을 벗어나 새로운 풍경과 일상을 마주하는 것에 있습니다. 새로운 문화와 삶을 보고 듣고 느끼며 나를 다시 일깨우는 데에서 여행의 의미를 찾을 수 있습니다.

여행은 새로운 나를 찾아 떠나는 것입니다. 새로운 풍경을 보는 것도 나이고, 새로운 문화를 경험하는 것도 나입니다. 여행은 경이로운 자연을 보면서 한없이 나약한 나를 발견하게 하고, 내가 할 수 없는 일이 무엇인지 깨닫게 해 줍니다. 최선을 다해 살아온 나에게 하늘의 구름이 이불이 되어 위로해 주기도 합니다. 앞길이 막힌 벽 앞에 선 나에게 삶을 되돌아보고 반성하는 시간도 갖게 합니다.

인생 자체가 여행이라고 말하는 사람도 많습니다. 철학자 가브리

엘 마르셀은 인간을 '호모 비아토르', 즉 '여행하는 인간'이라 불렀습니다. 철학 여행은 특별히 나를 찾아서 떠나는 여행입니다. 나도 잘 모르고 있었던 진정한 나의 모습을 찾아 떠나는 것입니다. 나를 찾기 위해서는 바깥으로 나가는 여행이 아니라 자기 안으로 들어오는 내면의 여행을 시작해야 합니다. 나를 들여다보는 것이 바로 철학 여행법의 출발입니다.

철학자들도 지혜를 사랑하는 마음으로 철학하기 위해 여행을 즐겼다고 합니다. 과거에는 오직 바닷길을 통한 여행만 가능했는데, 그런 위험한 상황에서도 철학을 위한 여행을 했던 이유가 무엇일까요? 여행을 하면서 만나는 수많은 사람들, 그 사람들을 관찰하고 대화를 나누면서 인생의 답을 찾아내고 의심을 없애며 삶의 진실을 찾아낼 수 있었기 때문입니다.

이렇게 용기 있게 삶의 여행을 떠나야 합니다. 저는 지금 책을 쓰는 새로운 여행을 시작했습니다. 이 여행을 시작하지 않았다면 훨씬 편안하게 쉴 수 있는 여유를 누렸을 것입니다. 창작의 과정이 힘들고 어려울 것이라고 뻔히 예상되는데도 불구하고 이 여행을 시작한 이유가 있습니다. 책을 쓰면서 내가 왜 책을 쓰려고 하는지, 어떤 삶의 목적을 갖고 살아왔는지, 또 어떻게 살아가야 할 것인지 나 자신과 깊은 대화를 나누면서 삶을 천천히 되돌아볼 수 있기 때문입니다. 그리고 책을 쓰는 과정에서 만나는 새로운 사람들을 통해 인생의 답을 찾아내고, 의심하고 불안해하던 것들을 없애고 삶의 진실을 찾을 수 있기 때문입니다.

영원한 여행자로 불리던 장 자크 루소도 여행은 일생과 심리의 문을 여는 중요한 열쇠라고 했습니다. 특히 루소는 노마디즘(nomadism)

이라고 하는 유목민처럼 목적지 없는 여행을 즐겼다고 합니다. 목적지가 정해진 여행과는 다르게 그저 떠난다는 것 자체의 기쁨, 여행 그 자체가 목적이 되는 여행 말입니다. 그날의 날씨, 그날의 기분, 그날 벌어지는 상황에 따라 자연스럽게 여행을 즐겼습니다. 저도 책을 쓰는 여행을 하면서 글이 생각만큼 잘 써지지 않아 스트레스가 찾아왔습니다. 그러나 스트레스를 받는 순간은 잠시였고, 곧바로 이런 생각이 들었습니다. '내가 책을 쓰는 것은 나 자신을 더 잘 알아 가고, 다른 사람들에게 나의 깨달음을 알려 주고, 모두 행복해지라고 하는 일인데 스트레스를 받을 이유가 없다. 책 쓰는 일 자체를 즐기면서 최선을 다해 보자. 그리고 최선을 다했는데도 안 되는 부분은 받아들이자.' 이런 생각이 들었습니다. 이것이 바로 루소가 즐겼던 여행 자체가 목적이 되는 여행을 위한 여행이며 제가 말하고 싶은 철학 여행의 모습입니다.

새로운 나를 찾아냈다면 철학 여행은 성공입니다. 새롭게 나아간 환경에 그대로 취하고 스트레스 상황의 압박에서 벗어나 자신이 하는 일에 완전히 빠져들어 즐긴다면 순간순간 떠나는 철학 여행은 성공적으로 끝날 것입니다.

철학은 나를 찾아 떠나는 여행
철학 여행을 통해 희망을 갖고 도전을 시작한 사람은 행복합니다.

"나는 무엇을 좋아하는가? 내가 싫어하는 것은 무엇인가? 나는 지금 행복한 상태인가? 내가 원하는 삶은 무엇인가? 나는 어떻게 살아갈 것인가? 나의 꿈은 무엇인가? 나는 이 세상에서 어떤 존재가 되어야 할 것인가?"

수많은 대화를 나 자신과 나누기 때문입니다. 다른 사람이 아닌 자기 자신에게 계속 물어봅니다. 공허했던 내가 충만하게 채워집니다. 나에 대해 잘 알게 되고, 새로운 나의 모습을 발견하게 되면 현재의 삶에 몰입할 수 있는 힘이 생깁니다. 현재를 즐기고 미래를 준비할 수 있는 희망도 철학 여행의 결과입니다.

철학 여행법은 '나'에 집중하고 자기를 알아 가는 것입니다. "나는 이런 사람이야."라고 당당히 정의할 수 있을 정도로 자신을 잘 아는 것이 중요합니다. 그런데 많은 아이들이 지식은 넘치지만 자기를 아는 지혜는 부족합니다.

키즈 철학을 교육하면서 자신에 대해 많이 고민한 아이들일수록 동기부여가 잘 되어 있다는 것을 느꼈습니다. 그 학생들은 어려서부터 자기에 대한 지혜와 확신을 갖고 자라면서 꿈에 한 발짝씩 다가간 것입니다.

고등학생 여러분, 자기와의 깊은 대화 시간은 꼭 필요합니다.

고등학교에서 논리학 강의를 하면서 학생들과 자신의 꿈과 진로에 대한 '만다라트' 활동을 하였습니다. 추상적이고 모호하게 자신의 꿈을 정해 보는 것이 아니라 자기가 좋아하는 것, 싫어하는 것, 잘하는 것, 못 하는 것, 장래희망, 가고 싶은 대학, 중요하게 생각하는 가치와 신념 등을 구체적으로 써 보면서 자신을 알아 갈 시간을 가졌습니다. 다행히 학생들은 자기 자신이 무엇을 싫어하는지 한두 가지는 알고 있었습니다. 하지만 자신이 잘하는 것과 못 하는 것 등 각 요소마다 여덟 가지를 생각해 만다라트 칸을 채워 나가는 것은 쉽지 않아 깊이 고민해야 했습니다. 그리고 만다라트를 완성하고 나서야 비로소 자신의 언어로 자기를 표현하기가 가능해졌습니다. 다른 사람의 목소리가 아닌 자신만의 목소리로 자신을 설명할 줄 아는 아이들이 얼마나 당당하고 멋있어 보였는지 모릅니다.

그러나 한 가지 아쉬웠던 점은 아이들이 새 학년이 될 때마다 자신의 장래희망과 진로를 계속 적어 내야 한다는 압박감에 대한 토로였습니다. 자기 자신에 대한 깊고 다양한 고민 자체는 아이들이 좋아했습니다. 그러나 꿈에 대한 고민과 대화의 시간 없이 단순히 장래의 직업이 무엇이고 대학 진로만 정하라고 강요하면 안 된다는 사실을 알았습니다. 아이들에게 장래희망만 묻는 것은 꿈을 위한 동기부여가 전혀 되지 않았고, 오히려 부담과 압박감을 줄 뿐이었습니다.

키즈 철학 교육을 받는 학생들은 어렸을 때부터 자신이 무엇을 좋아하고 싫어하는지, 장래희망이 무엇인지 많은 고민을 합니다. 또 다른 사람들과 함께 자신의 꿈과 시대의 변화에 따라 필요한 인재에 대한 깊이 있는 대화 시간을 가짐으로써 천천히 자신에 대해 알아 갑니다. 자신을 잘 알 때 자아실현을 위한 구체적인 방법과 진로의 방향을 정해서 찾아갈 수 있습니다.

독서, 논술, 하브루타에 실망했다면?

#논술교육을하다가목적을잃는부모들

"왜 우리 아이는 논술 수업을 오래 들었는데 잘 안 될까요?"

"뭐가 그렇게 안 되던가요?"

"선생님의 철학 수업을 오래 들었는데도 효과가 없는 것 같아서요?"

'혹시 어머님은 철학 교육을 통해 성적이 향상되기만을 바란 욕망이 있으셨던 건 아닌가요?'라고 되묻고 싶었습니다. 그러나 부모님도 아이와 함께 이런 과정을 통해 성장한다고 믿으며 제 속마음을 말하지는 않았습니다. 철학 교육과 독서 논술 교육에 대한 오해와 인식을 바꾸는 노력 또한 철학 강사로서 해 나가야 할 일이라고 생각했기 때문입니다.

독서 논술 교육에 대한 오해를 하는 부모님들은 위태롭습니다. 독서 논술, 철학 교육을 하면 교과목의 이해력이 향상되고, 서술형 답안도 잘 쓰게 될 것입니다. 자신의 아이와 소통과 대화의 시간은 없고 오직 교과목 성적의 향상만 바라는 부모와 자식의 관계는 공허합니다. 기대와 격려보다는 실망과 한숨으로 가로막혀 있습니다.

물론 독서 논술로 유명한 프랜차이즈 교육 프로그램이 언어 이해력을 향상시키고 사회, 역사의 배경지식을 넓혀 주는 역할을 하기도 합니다. 국어, 역사, 사회 등 모든 교과목의 기초능력이 되는 이해력과 논리력, 표현력을 길러 주고요. 하지만 교과목과 잘 연계되고 체계적으로 정리된 교재와 선정된 도서를 통해 암기하듯 개념만 이해한다면, 교과목 성적이나 수능 성적은 향상시킬 수 있지만 진정으로 자아를 발견하고 자아를 실현하는 삶을 얻지는 못합니다. 좋은 성적을 받아 좋은 대학에 진학하고 사회적으로 인정받는 직업을 갖고 그 역할을 통해 사회나 조직에 적응하는 것과 자유롭고 행복하게 사는 삶은 다릅니다.

#하브루타는 알면서 키즈 철학 교육은 모르시나요?

하브루타에서 제일 중요한 것은 무엇일까요? 바로 아이와 부모 간의 대화와 토론입니다. 특히 아버지와 함께 성경 구절을 토론하면서 모르던 지식을 깨달아 갑니다. 이해가 완전하게 되지 않았던 지식을 질문과 답변의 과정을 거쳐 완전한 지식으로 습득합니다. 부모가 자식에게 스스로 지식을 획득하고 온전하게 자기 것으로 만들어서 어떤 위급한 상황에서든지 꺼내어 활용할 수 있도록 교육하는 유대인들만의 전통적인 교육법입니다.

전 세계인들이 유대인의 교육법인 하브루타에 관심을 가지면서 엄청난 유행을 일으켰습니다. 하브루타의 핵심은 질문과 대화를 통해 토론하는 것입니다. 키즈 철학 교육의 핵심과도 일맥상통합니다. 교사가 아이에게 일방적으로 정보를 전달하는 것이 아니라 동등한 위치에서 상대방의 의견을 묻고 대화하는 것이지요. 정답을 알려 주지 않고 질문을 통해 스스로 답을 생각할 수 있도록 돕는 공부법이 하브루타의 특징입니다. 그러나 하브루타의 단점은 자신보다 학습능력과 경험이 부족한 사람을 만나면 정보를 얻기 어렵습니다. 상대방을 쉽게 이해하도록 돕는 과정에서 자신의 생각을 논리적으로 정리하는 방법을 배울 수는 있지만 아무런 지적 호기심을 자극시키지 못할 수도 있기 때문입니다. 그래서 비판적 능력을 키우지 못할 수도 있습니다.

철학자 소크라테스와 그의 제자 플라톤은 대화의 중요성을 강조했습니다. 소크라테스의 대화법 세 가지는 문답법, 산파술, 논박술입니다. 묻고 답하기(Q&A) 방식을 통해 대화 요청자에게 직접 답을 알려주지 않고 스스로 답을 찾을 수 있도록 안내합니다. 마치 출산을 하는 것이 아니라 옆에서 출산을 돕는 산파의 역할입니다. 이를 산파술이라고 하는데, 산파술은 단지 도움을 주는 것보다 더 큰 의미를 갖습니다. 그것은 출산하는 사람이 이미 출산할 능력을 갖고 있듯이 물음을 갖고 온 아이들이 스스로 문제를 풀 능력을 갖고 있다는 것입니다. 질문을 한다는 것은 이미 문제를 넘어서고 싶다는 마음이 생겼다는 것을 의미하기 때문입니다. 그러므로 키즈 철학 강사는 아이가 스스로 문제를 해결할 힘이 있다는 것을 가르쳐 주면서 답을 찾아갈 수 있도록 힌트를 주고 도와주는 역할을 하면 됩니다. 그때 대화의 방법은 논박이라는 형식으로 진행됩니다. 그러면 질문을 하는 아이들은 선생님의 질문에 답을 하면서 자신의 생각을 검토하고 왜 반박을 당하는지 깨닫게 됩니다. 그래서 자신의 생각을 고쳐 나가고 답을 찾아갑니다.

키즈 철학의 찐 목적: 자기주도

#키즈 철학을 통해 자기주도성이 강한 아이들로!

자기주도성이 강한 아이들은 더욱 존중받습니다. 마치 우리가 한 분야에 뛰어난 전문가를 만나면 대화할 때 조심스럽게 다가가는 것과 비슷합니다. 왜냐하면 자기주도성이 강한 아이들은 자존감이 높고 자기 확신이 강해서 자기의 할 일을 이미 파악하고 어떻게 실행할 것인지도 계획해 놓았기 때문입니다.

아이인데도 자기주도성이 강하다는 건 어떻다는 것일까요? 자신감과 자존감이 높아서 자기 확신을 가지고 주도하여 일을 해 나가는 사람입니다. 자기 주도적인 아이는 마음과 열정을 불태울 수 있는 마음의 연료로 자기 확신과 자부심을 갖고 있습니다. 자기 확신을 갖기 위해서는 앞서 강조했던 선택권을 쥔 아이여야 합니다. 또 철학 여행법을 통해 자기가 무엇을 원하는지 깊이 고민해 보고 자아를 찾아 나서야 합니다. 자존감과 자기 확신이 부족한 학생이라도 철학 수업을 통해 점점 자신감을 얻습니다. 철학 수업을 통해 대화와 토론, 발표를 하는 아이들은 먼저 자신의 생각을 글로 적어서 정리하는 법부터 연습합니다. 자신의 생각이 문장으로 정확하게 정리되고 나면 말을 할 때 자신감이 생깁니다. 자신감 있게 말하면 친구들은 경청을 합니다. 경청하는 상황에서 서로 존중을 배우고 그 과정에서 자존감을 키웁니다. 토론을 통해 비판도 하고 근거를 더 보충하다 보면 자기 확신이 더욱 커집니다. 이렇게 자신감 → 자존감 → 자기 확신의 순서로 자기 확신이 강해지면서 결국 자기주도성이 강한 아이로 성장해 가는 것입니다.

또한 부모와 가족, 친구들의 역할도 중요합니다. 자기주도성이 강하게 뿌리내린 아이들은 존중과 사랑의 영양분을 듬뿍 공급받은 아이들입니다. 부모님, 선생님, 주변의 어른들, 친구들에게 사랑과 존중, 인정을 받은 아이들입니다. 그 아이들은 계속 잔소리를 하지 않아도 자기의 할 일과 과제들을 알아서 해결해 나가는 계획성과 실행력을 보여 줍니다.

사랑은 상대가 하고 싶어 하는 일을 할 수 있도록 도와주는 것입니다. 서로의 장점을 발견해서 독립적인 존재가 되도록 키워 주는 관계가 되어야 합니다. 저 또한 부모님께서 저의 장점을 발견해서 많은 칭찬을 해 주셨고 제가 하고 싶은 일을 하도록 물심양면으로 도와주셨습니다. 그것이 바로 사랑입니다.

#자기주도 학습의 핵심 다섯 가지!
정신건강 및 두뇌연구 전문가인 노규식 박사는 자기주도 학습의 핵심은 전두엽의 실행기능이라 불리는 뇌 기능과 관계가 깊다고 했습니다. 이는 시간 관리, 조직화, 자발성, 충동 조절, 감정 조절의 다섯 가지 능력으로 나눌 수 있습니다.

첫째, 시간관리 능력은 계획을 세우고 정해진 시간 내에 정해진 분량을 마무리 짓는 것입니다. 이것은 불필요한 시간 낭비를 막아 줍니다. 둘째, 조직화 능력은 세운 계획을 관리하는 능력입니다. 자신의 부족한 부분을 분석하고 파악한 후 어떻게 보완할지 고민하고 수정할 수 있는 능력을 말합니다. 상황에 맞게 공부할 분량을 체계적으로 계획하여 플래너에 작성하고 그밖의 일정이나 목표 성과를 기록하는 훈련입니다. 셋째, 자발성은 스스로 틀린 문제를 다시 살펴보고, 어떤 일을 할 때 누가 시키지 않아도 스스로 찾아서 하려는 의지를 말합니다. 통제와 감시, 명령에 의해 하는 것이 아니라 필요에 따라 스스로 일을 찾아서 하고 성취감을 얻는 것입니다. 자발성은 다른 요소에 비해 훈련을 통해 습득하기 힘든 부분입니다. 넷째, 충동 조절 능력은 공부를 하다가 다른 유혹에 빠지지 않는 노력을 말합니다. 특히 스마트폰과 인터넷, 음악 듣기, 친구 만나기 등을 어떻게 절제하느냐가 가장 핵심적인 부분입니다. 다섯째, 감정조절 능력은 마음의 안정을 유지하는 능력입니다. 아무리 지적으로 뛰어난 능력이 있는 아이라도 정서적으로 불안하면 공부의 효율이 낮을 수밖에 없습니다.

위 다섯 가지 역할들은 단시간에 기르기 어렵기 때문에 부모는 아이와 함께하는 키즈 철학 교육으로 습관을 키울 수 있습니다.

외국 상위 1% 대학의 철학 능력 테스트

#외국상위1% 대학은 테스트 방식도 다르다

외국에서는 이미 입학시험에서 철학 능력과 논술 능력을 테스트하는 나라가 많습니다. 프랑스 입시 시험인 '인터내셔널바칼로레아(IB, International Baccalaureat, 국제바칼로레아)'가 대표적입니다. 나폴레옹 때 만들어져서 무려 200년 간 전통을 유지해 온 프랑스판 수능으로 불립니다. 바칼로레아는 철학 시험이라고 불릴 정도로 철학적 문제를 학생들에게 묻습니다. 예를 들어 "노동을 덜 하는 게 더 잘 사는 것인가?", "우리는 언제나 우리가 욕망하는 것을 아는가?", "욕망은 본래 무한한 것인가?", "우리의 도덕적 확신은 경험에 기초하는 것인가?", "법을 어기는 것이 항상 부당한가?" 등의 질문에 서술식 답변을 하는 시험입니다.

우리나라도 2028년 대입제도 개편안 논의가 본격적으로 시작되는데 국제바칼로레아 도입과 관련해 논의가 되고 있는 상황입니다.

미국의 경우에도 'SAT(Scholastic Aptitude Test)'에서 에세이 시험이 따로 있었습니다. 최근 폐지되었는데, 에세이 능력에 대한 평가가 불필요해서가 아니라 시험 비용 절감과 시험 부담을 줄이기 위한 목적으로 폐지된 것입니다. 북경 사범대학교에서도 철학 종합능력 테스트가 따로 있습니다. 그리고 독일도 '아비투어'라는 시험이 있는데 지역마다 조금씩 다르게 출제되지만 논술 시험이 네 과목, 구술 시험이 한 과목으로 논술 능력과 구술 능력을 평가하고 있습니다.

#바칼로레아 기출 문제

프랑스의 철학자 쿠쟁(Victor Cousin)은 고등학교 철학 교육과정을 제정하면서 "철학은 프랑스 대혁명 정신을 계승하는 연장선상에 있다. 철학 수업의 목적은 독립적인 사고력을 갖춘 시민을 길러내기 위함이지 철학자를 양성하려는 게 아니다. 또한 교육을 보급하기 위함이지 엘리트를 양성하려는 게 아니다. 부디 학생 개개인이 견문을 넓히고 학식을 연마하며 문화적 소양을 쌓기를 게을리하지 않길 바란다." 라고 말했습니다.

다음의 바칼로레아 기출문제를 살펴보면 철학은 어렵고 나와 멀리 동떨어진 학문이 아니라 우리 삶에 꼭 필요한 학문임을 깨닫게 될 것입니다.

인간

질문1 스스로 의식하지 못하는 행복이 가능한가?

질문2 꿈은 필요한가?

질문3 과거에서 벗어날 수 있다면 우리는 자유로운 존재가 될 수 있는가?

질문4 지금의 나는 내 과거의 총합인가?

질문5 관용의 정신에도 비관용이 내포되어 있는가?

질문6 사랑이 의무일 수 있는가?

질문7 행복은 단지 한순간 스치고 지나가는 것인가?

질문8 타인을 존경한다는 것은 이체의 열정을 배제한다는 것을 뜻하는가?

질문9 죽음은 인간에게서 일체의 존재 의미를 박탈해 가는가?

질문10 우리는 자기 자신에게 거짓말을 할 수 있는가?

질문11 행복은 인간에게 도달 불가능한 것인가?

인문학

질문1 우리가 하고 있는 말에는 우리 자신이 의식하고 있는 것만이 담기는가?

질문2 철학이 세상을 바꿀 수 있는가?

질문3 철학자는 과학자에게 어떤 도움을 줄 수 있는가?

질문4 역사가는 객관적일 수 있는가?

질문5 역사학자가 기억력만 의존해도 좋은가?

질문6 역사는 인간에게 오는 것인가 아니면 인간에 의해 오는 것인가?

질문7 감각을 믿을 수 있는가?

질문8 재화만이 교환의 대상이 될 수 있는가?

질문9 인문학은 인간을 예견 가능한 존재로 파악하는가?

질문10 인류가 한 가지 언어만을 말하는 것은 바람직한가?

예술

질문1 예술 작품은 반드시 아름다운가?

질문2 예술 없이 아름다움에 대하여 말할 수 있는가?

질문3 예술 작품의 복제는 그 작품에 해를 끼치는 일인가?

질문4 예술 작품은 모두 인간에 대해 이야기하고 있는가?

질문5 예술이 인간과 현실과의 관계를 변화시킬 수 있는가?

과학

질문1 생물학적 지식은 일체의 유기체를 기계로만 여기기를 요구하는
가?

질문2 우리는 과학적으로 증명된 것만을 진리로 받아들여야 하는가?

질문3 계산, 그것은 사유한다는 것을 말하는 것인가?

질문4 무의식에 대한 과학은 가능한가?

질문5 오류는 진리를 발견하는 과정에서 어떤 역할을 하는가?

질문6 이론의 가치는 실제적 효용가치에 따라 가늠되는가?

질문7 과학의 용도는 어디에 있는가?

질문8 현실이 수학적 법칙에 따른다고 할 수 있는가?

질문9 기술이 인간조건을 바꿀 수 있는가?

질문10 지식은 종교적인 것이든 비종교적인 것이든 일체의 믿음을 배

제하는가?

을 뜻하는가?

질문2 우리는 좋다고 하는 것만을 바라는가?

질문3 의무를 다하는 것만으로 충분한가?

질문4 무엇을 비인간적인 행위라고 하는가?

질문5 일시적이고 순간적인 것에도 가치가 존재하는가?

질문6 무엇이 내 안에서 어떤 행동을 해야 할지를 말해 주는가?

질문7 우리는 정념을 찬양할 수 있는가?

질문8 종교적 믿음을 가지는 것은 이성을 포기한다는 것을 뜻하는가?

질문9 정열은 우리의 의무 이행을 방해하는가?

질문10 진실에 저항할 수 있는가?

질문11 진리가 우리 마음을 불편하게 할 때 진리 대신 우리에게 위안을
주는 환상을 좇아도 좋은가?

#한국 수능과 프랑스 바칼로레아의 차이점

급격한 산업화로 인해 정신이 그 변화만큼 성장하지 못했다는 한국
사람들에 대한 비판을 우리는 언제까지 들어야 할까요? 이미 입시 제
도는 조금씩 바뀌고 있고, 수업 내용과 평가 방법도 토론과 과정중심
으로 변화하고 있습니다. 그런데 해외에서는 오래 전부터 자신의 의견
을 제시하고 토론하는 문화를 어려서부터 익히는 교육 방법을 채택했
습니다. 프랑스는 대학입시에서 바칼로레아를 치렀습니다. 바칼로레
아는 객관식 문제가 없습니다. 학생은 답을 해결하기 위해 자신의 의
견을 글로 써야 합니다. 그래서 늘 자신의 생각을 표현하는 방법을 익

힙니다. 우리나라 학생들이 기계적으로 시험 문제를 풀거나 문제 유형을 익히는 것과는 다른 모습입니다. 물론 우리나라 학교의 평가 방식도 100% 서술형이 나오는 등 많은 변화를 시도하고 있습니다. 그러나 아직도 점수와 등수를 중시하고 수치화하여 평가하는 방식이 존재하기에 이를 넘어서야 하는 노력이 필요합니다.

바칼로레아와 한국 수능시험의 가장 큰 차이점은 무엇일까요? 바로 바칼로레아는 수능처럼 복잡한 지문 없이 짧은 주제를 주고 자신의 생각을 쓰게 하는 철학 시험이라는 점입니다. 철학 문제는 주로 그 시대에 던지는 화두이자 이슈를 다룹니다. 그래서 문제를 보면 그 시대의 역사를 알 수 있습니다. 시대를 관통하는 주제를 질문으로 제시하면 하나를 골라 네 시간 동안 답을 작성합니다. 철학을 포함한 열다섯 개 과목 모두 주관식 논술입니다. 단 하루 만에 모든 평가가 끝나는 수능과는 다르게 일주일 동안 진행되고, 20점 만점에 10점 이상이면 시험에 통과합니다. 통과한 학생은 점수와 상관없이 자신이 원하는 대학에 입학할 수 있습니다. 또 시험에 통과하지 못한 학생들도 재시험의 기회가 주어집니다. 왜냐하면 바칼로레아의 목적은 더 많은 학생을 합격시켜 더 많은 학생에게 교육의 기회를 주는 데에 있기 때문입니다.

심지어 바칼로레아가 있는 날엔 모든 프랑스 국민들이 시험이 끝나고 문제가 공개되길 기다립니다. 자신의 생각을 적어 보기 위해서입니다. 또 정치인들은 TV에 출연해 토론합니다. 이렇게 자발적으로 온 국민이 함께 문제에 대한 답을 생각하고 찾는 모습을 보며 우리나라의 교육도 어떤 방향으로 나아가야 할지 생각해 봐야 하지 않을까 싶습니다.

이제는 철학 교육이 필수인 시대가 왔습니다. 세계 상위 1%의 대학의 반열에 당당히 자리하려면 우리나라의 평가 방식도 변해야 합니다. 그리고 아이들도 어릴 때부터 키즈 철학 교육을 필수적으로 해야 합니다. 서로의 눈빛을 보며 마음이 통하고 서로를 존중하고 사랑하면서 접하는 대화와 교육은 아주 다릅니다. 키즈 철학 교육을 꼭 경험해 보아야 합니다. 똑같아 보이는 일상에서 새로운 사실을 발견하고, 자연의 새로운 변화를 느끼고, 사람들과의 관계 속에서 새로운 것들을 깨닫고, 새로운 일에 도전해 보길 바랍니다. 다른 사람을 먼저 도와주려고 노력해 보고, 유머의 말과 글로써 자신을 표현해 보세요. 철학을 통해 당신은 더 행복한 삶을 살 것입니다.

Memo

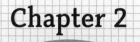

Chapter 2

꼬마 스티브 잡스가
평범한 중2병 학생이
되고 있다

꼬마 스티브 잡스가 평범한 중2병 학생이 되는 이유

#그많던호기심은다어디로사라졌을까?

아이를 키우며 무서운 것들 중 하나는 그렇게도 많았던 내 아이의 호기심과 질문이 사라져 버리는 모습을 볼 때입니다. 아이가 어렸을 때 쉴 새 없이 부모에게 던지던 질문이 커서도 이어져야 합니다. 그런 데 '질문이 계속 이어지느냐, 사라지느냐'의 갈림길은 부모와 선생님의 반응에 따라 결정됩니다. 아이의 질문을 애정으로 경청해 주고 함께 답을 찾으려 노력해 주지 않는 관계에서는 아이의 호기심을 유지시킬 수 없습니다. 아이의 질문에 반응해 주지 않으면 결국 아이와의 소통과 친밀감도 점점 줄어듭니다. 호기심을 계속 무시당한 아이는 시간이 지날수록 자기주도성이 떨어지고 결국엔 부모와 선생님이 시키는 대로 공부하는 수동적인 아이로 변합니다.

혹시 내 아이가 공룡에 대해 아주 많은 질문을 쏟아내지는 않았나요? 내 제자가 우주에 많은 호기심을 보이던 학생은 아니었나요? 아이들은 자동차, 숫자, 영어, 한글, 날씨 등 다양한 주제에 관심이 생기면 그것에 호기심을 갖고 파고듭니다. 떠오른 질문들을 듣다 보면 '꼬마 철학자', '꼬마 스티브 잡스'가 따로 없습니다. 내 아이가 영재가 아닌가 하는 생각이 들 정도입니다.

그런데 부모와 선생님의 반응은 어땠나요? 질문에 대한 지식이 부족해 정확한 답을 못 해 줄까 봐 어쩔 줄 몰라 합니다. 너무 많은 질문에 그저 귀찮고 피곤해서 한두 번 넘겼던 일이 결국 아이들의 입을 막아 버렸습니다. 그 상태로 아이들은 꼬마 스티브 잡스에서 평범한 중2병 학생으로 남게 됩니다.

저는 호기심이 다 사라져 평범한 중2병을 앓는 학생의 모습을 볼 때 가장 슬프고 무거운 책임감을 느낍니다. 철학 강사로서, 엄마로서 아이의 호기심과 질문에 귀를 기울여 호응해 주고 함께 답을 찾는 노력을 해야 한다고 생각합니다. 아이들의 질문에 귀를 기울이는 것부터 시작하세요. 들어 주기만 해도 아이는 신나 할 것입니다. 그리고 호응만 해 줘도 아이는 더 열심히 탐구할 것입니다. 함께 답을 찾는 친구가 되어 주면 아이들의 호기심을 지킬 수 있습니다.

#모든아이들은호기심이많다!

원래 아이들은 호기심이 많습니다. 그래서 끊임없이 무언가를 물어봅니다. 책을 읽거나 경험을 통해 아는 것이 늘기 시작하면 어느 순간 끊임없이 질문을 쏟아냅니다. 대답하기 귀찮을 정도로 질문을 하고 부모가 대답할 수 없는 수준의 질문까지 합니다. 호기심은 인간의 본능이지 않을까요?

세 살이 된 아이들이 가장 많이 하는 말이 바로 "엄마, 이게 뭐야?"입니다. 하루에도 수십 번을 물어보는데 그것은 이름을 몰라서 물어보는 것이 아니라 어디에 쓰는 물건인지, 어떤 특징이 있는지, 어떻게 사용하는지 등을 구체적으로 더 알아내기 위해서 질문하는 것입니다. 아직은 구체적인 질문을 할 줄을 몰라서 "뭐야?"라고 계속 물어보는 것입니다. 그러므로 부모는 아이가 계속 물어볼 때는 더 자세하게 다양한 관점에서 바라본 내용을 구체적으로 대답해 주는 것도 하나의 방법입니다. 그리고 나아가 아이에게 구체적으로 질문하는 법을 따라 말하게 합니다. "이건 어디에 쓸까요?", "이건 누가 쓰는 걸까요?" 이런 식으로 구체적인 질문을 부모를 따라서 해 보게 하는 것입니다. 저희 아이가 말을 잘하고 어휘력이 좋다는 이야기를 많이 들었는데, 제가 가장 처음에 사용했던 방법이 바로 아이가 질문할 때, 구체적인 질문을 다시 만들어서 아이가 따라 하게 하는 것이었습니다. 또 아이가 대답할 때에도 완전한 문장으로 대답을 만들어 따라 말하게 했습니다. 그리고 이렇게 문장을 따라 하게 하는 것을 '앵무새 화법'이라고 정했습니다. 마치 앵무새가 사람의 말을 따라 하는 것처럼 아이가 엄마의 문장을 따라서 이야기하도록 하니까요. 새로운 어휘나 정확한 어휘도 아이가 계속 따라 하게 교육했습니다. 이런 방법은 아이가 점점 완전한 어휘와 문장을 익힐 수 있게 했고, 언어 발달에 많은 도움이 되었습니다. 왜냐하면 언어 교육은 많이 따라 하고 많이 말할수록 늘기 때문입니다.

#철학을 전공한 스티브 잡스

스티브 잡스는 고등학교 때 인턴으로 일하며 컴퓨터 지식을 쌓았습니다. 그 후에 리드대학교 철학과에 입학하여 인문학적 소양을 길렀습니다. 페이스북 창립자인 마크 저커버그도 하버드대학교에서 심리학을 전공했습니다. 컴퓨터와 관련된 기술적 언어에 능통한 사람들이 왜 인문학에 관심을 가졌을까요? 바로 인간의 본질적 가치를 탐구하는 학문이 문학, 역사, 철학, 즉 문·사·철이기 때문입니다. 컴퓨터 기술도 인간에 대한 깊은 이해가 없으면 도태될 가능성이 큽니다. 모든 기술은 인간의 행복과 편리한 생활을 위한 가치를 창조하는 데에 목적이 있습니다.

스티브 잡스는 인간에 대한 이해와 관심을 바탕으로 인간이 원하는 기술을 발전시켰습니다. 그래서 그의 수많은 연설 중에서도 인문학의 중요성을 강조한 아이패드 2 출시 프레젠테이션이 많이 회자되고 있습니다.

"기술만으로 충분하지 않다. 우리의 가슴을 뛰게 하는 것은 인문학과 결합한 기술이다."

스티브 잡스가 말한 인문학이란 무엇일까요? 인간의 가치와 행동에 대해 끊임없이 질문하고 고민한 후에 그에 대한 해답을 찾아 자기화하는 것입니다. 인문학의 본질은 인간에 대한 끊임없는 호기심과 질문이 고민의 시간을 갖게 했고 시대를 이끌고 변화시킬 새로운 아이디어를 낳았습니다. 그 아이디어가 아이패드, 아이폰 등과 같은 제품을 만들어 내어 인간의 삶과 행동을 변화시키는 잠재력이 실현된 것입니다.

우리 아이들도 스티브 잡스처럼 자신과 다른 사람에 대한 호기심이 있고 끊임없는 질문들이 있습니다. 그 질문에 함께 고민해 주는 분위기만 조성된다면 세상이 말하는 영재로 클 수 있는 발걸음을 뗀 것입니다.

공룡 영재야, 자동차 영재야, 어디로 갔니?

수많은 학생들을 가르쳤지만 일곱 살, 1학년이었던 재훈이와 하민이 그 두 아이들은 아직도 저에게 선명한 기억으로 남아 있습니다. 반짝거리는 두 눈으로 저를 바라보면서 참새처럼 작은 입을 쫑알대며 질문을 쏟아내던 그 아이들. 지금도 생각하면 가슴이 벅차올라 뭉클해집니다. '키즈 철학을 하길 참 잘했다, 너무 잘했다.'라고 느낍니다.

그러나 한편으로는 그 아이들이 지금 그 모습을 유지하지 못하니 아쉬움도 느낍니다. 보통의 부모님들은 짧게는 6개월, 길게는 2년 정도 철학 논술 수업을 시킵니다. 영어와 수학도 배워야 해서 수업료를 감당하기 어려운 현실적인 문제 때문에 대부분의 아이들은 1학년 때쯤 키즈 철학 수업을 그만둡니다. 그러나 저는 공부에 재능이 있는 아이가 아니라면, 또 나이가 어려서 아직은 학습에 대한 부담감이 적다면 과감하게 키즈 철학을 먼저 선택하라고 권합니다. 물론 시기를 놓치면 안 되는 수학 등의 과목, 또는 부모의 교육관에 따라 언어나 외국어를 조기에 배우게 하고 싶다면 시키셔도 되고 철학 교육은 부모가 생활 속에서 실천해도 괜찮습니다.

때로는 3개월 안에 주 2~3회 수업을 하거나 매일 수업을 해서 빨리 철학 논술 능력을 키워 달라고 요구하는 부모님들이 있습니다. 저는 주 1회 수업을 장기적으로 하기를 추천드립니다. 아이들의 질문과 호기심은 다양한 경험이 쌓이면서 매 순간 생기는 것인데, 어떻게 3개월 안에 모든 것을 해결할 수 있겠습니까? 그렇다고 평생 수업을 들으라는 말은 아닙니다. 철학 교육은 단기간보다는 주 1회, 또는 격주로 하더라도 오히려 장기적으로 수업을 진행하는 것이 훨씬 효과적입니다. 호기심과 질문이 생기면 스스로 자료를 검색하고 책을 읽어서 답을 찾아가는 과정을 알게 됩니다. 그러면 더 이상 철학 수업을 듣지 않아도 됩니다.

가늘고 길게 철학 수업을 한 아이들의 교육 효과가 더 좋았습니다. 교육 효과로는 책을 더 가까이했고, 질문과 호기심을 계속 가지게 되었으며 자기주도적으로 공부를 해 나가는 습관을 갖게 되었습니다. 자기가 원하는 대학, 직업을 찾아가면서 스스로 이 과정들을 잘 해결해 나간 것입니다.

어쩌면 모든 아이들이 영재, 꼬마 철학자, 꼬마 스티브 잡스로 태어났을지 모릅니다. 그 아이들의 잠재력을 얼마나 꽃피울 수 있을지는 어떻게 살리느냐에 달려 있습니다. 때로는 결핍이 아이들을 자기주도적으로 만들어 줍니다. 때로는 꾸준한 믿음이 아이들의 자율성을 길러 줍니다.

02
꼬마 철학자의 질문이 제2의 스티브 잡스를 만든다

#스티브 잡스도 시작한 철학의 첫 단추, 질문하기!

철학의 첫 단추는 질문하기입니다. 언제 '생각의 집'에서 질문이 튀어나올지 모릅니다. 질문하기는 매우 큰 힘을 갖고 있습니다. 질문의 힘이 세상을 바꿀 아이디어를 내놓고 현재 부족한 상황을 변화시킬 원동력이 되어 줍니다. 인간이 가진 지적인 호기심 중에 질문만큼 스스로 생각하게 하는 강한 힘은 없습니다.

예를 들어 "사람은 왜 욕심을 낼까?"라는 질문이 떠오르면 잠시 하던 일을 멈추고 생각에 빠집니다. 그리고 '나는 욕심을 낸 경험이 언제 있었지? 욕심을 내면 나쁠까? 좋을까? 모든 사람은 욕심을 낼까? 욕심이 없는 사람도 있을까? 모든 사람이 욕심을 내면 어떤 결과가 벌어질까? 욕심은 자기 자신을 망칠까? 아니면 더 발전시킬까?' 등의 또 다른 질문들이 꼬리를 물고 떠오릅니다. 이렇게 하다 보면 사고력을 향상시키기 위한 준비단계를 이미 거친 것입니다. 이 수많은 질문들은 해답을 찾기 위한 노력으로 이어집니다. 나의 경험을 노트에 적어 보고, 책이나 인터넷을 찾아보기도 합니다. 경험이 많은 다른 사람에게 물어보고 알아내려는 노력도 합니다. 질문이 떠오르면 궁금증에 대한 답은 찾기 마련입니다. 따라서 이것을 삶에 적용해도 똑같습니다. 질문하는 능력은 사고력을 기르기 위해 매우 중요합니다. 삶의 길에서 만난 어려운 문제의 늪에서 빠져나오려면 질문의 에너지가 필요합니다. 일상생활에서도 질문을 해야 내 삶이 더 발전하고 새로운 일을 시작할 힘이 생깁니다.

#좋은 질문을 하는 가장 쉬운 방법 세 가지!

첫째, 책을 읽기 전에 질문을 생각해 보라.

책의 표지와 제목, 목차만 보고 떠오르는 질문은 평소 자신이 궁금해했던 것임을 알아야 합니다. 예를 들어 《노인과 바다》라는 고전 문학의 표지나 제목을 통해 떠오르는 질문을 자유롭고 편하게 써 보세요. "바닷물은 왜 파랑나? 노인은 왜 바다에서 고기잡이를 하고 있을까? 이 책의 작가는 누구이고 다른 작품은 무엇을 썼을까? 이 책의 주제는 무엇일까? 이 책의 작가는 어느 나라 사람이고 어느 나라를 배경으로 쓴 소설인가?" 등 다양한 질문이 떠오릅니다. 그리고 질문의 답을 찾기 위해 책장을 더 빨리 넘기고 싶다는 생각이 들어 책을 더 꼼꼼하게 살펴보게 됩니다.

둘째, 책을 읽는 중간에 떠오르는 질문을 적어 둬라.

물론 책을 다 읽고 나서 떠오르는 질문이 가장 깊이 있고 좋은 질문입니다. 이해하는 과정에서 하는 질문은 읽다가 답을 찾을 수도 있고 성급한 질문들인 경우도 있습니다. 부분만 보고 판단하는 질문은 책 전체 내용과 주제를 관통하는 좋은 질문이 아닙니다. 하지만 책을 읽는 중간에도 얼마든지 궁금증이 생길 수 있습니다. 그 궁금증이 오히려 다음 책장을 넘기게 하는 힘이 되어 주기도 합니다. 또 인터넷 검색을 하거나 다른 책과 연계하여 지식을 확장시켜 주기도 합니다. 이해가 안 되면 더 자세히 찾아보고 되물어야 합니다. 다시 묻는 것이 내가 성장하는 결과를 가져옵니다. 그리고 철학 강사는 아이들이 혼자서 하는 이 작업이 외롭고 힘들지 않도록 옆에서 도와주는 산파 역할을 해야 합니다.

셋째, 구체적이고 분명하게 질문을 하라.

자신이 진짜로 궁금한 것이 무엇인지 구체적이고 명확한 질문을 하면 더 정확하고 확실한 해답을 얻을 수 있습니다. 질문은 날카로운 칼입니다. 그래서 허를 찌르는 질문은 구체적이고 분명한 질문입니다. 그 질문에 대답하려면 대답도 두루뭉술한 대답이 아닌 정확한 답변이어야 합니다. 구체적이고 분명한 질문을 위해서는 문제에 대한 배경지식이 있어야만 가능합니다.

마침표보다는 물음표로 남게

#정말 답을 아는 것보다 질문이 더 중요할까요?

질문은 호기심의 발현입니다. 갈릴레이, 뉴턴, 코페르니쿠스 등 많은 과학자들은 '지구가 돌까, 태양이 돌까? 사과는 왜 땅으로 떨어질까?' 등 항상 질문이 있었습니다. 질문은 이유를 찾게 하고, 해결 방법을 발견하게 합니다. 그래서 질문은 또 다른 질문을 낳고 호기심이 커지도록 합니다. 과학자들은 매우 근원적인 질문, 원리에 대한 질문을 던지고 질문에 대한 해답을 찾기 위해 평생 최선을 다합니다. 그렇기에 정답이나 과학원리 하나를 암기하는 것보다 질문을 생각하는 것이 더 중요합니다. 질문은 스스로 답을 찾게 하는 원동력이 되어 주고 또 다른 질문을 낳기 때문입니다. 인간은 호기심을 갖고 세상을 바라보고 스스로 그 질문에 대한 답을 찾는 자기 주도성이 뛰어난 존재입니다. 부모와 교사가 아이에게 정답을 암기하게 하는 방식을 버려야 아이는 문제에 대한 이해 능력과 분석 능력을 키우고 스스로 문제를 해결할 힘을 기를 수 있습니다.

질문은 자신이 정확하게 알고 있는지 모르는지를 확인하는 도구입니다. 질문을 해 보고 설명을 하게 하면 아는 줄 착각했던 지식도 제대로 알고 있는지 확인할 수 있습니다. 따라서 질문은 안다고 착각한 지식에 대한 합리적 의심입니다.

#질문이 중요한 시대

책을 읽은 후에 질문이 없다면 책을 안 읽은 것이나 다름없습니다. 질문에 대한 답은 언젠가는 찾게 되어 있습니다. 시간이 얼마나 걸리는지가 문제일 뿐이지요. 우연히라도 답을 찾게 되면 "유레카!"를 외칠 것입니다. 우리는 답을 찾는 능력을 넘어 질문하는 능력을 더 중요하게 여기는 시대에 살고 있습니다.

#무엇? 개념을 정확하게 아는 것부터 시작하라

"이게 뭐예요?"라고 질문을 시작하는 것은 어떤 사물이나 현상에 대한 개념과 뜻을 정확하게 알려고 하는 질문입니다. 모든 공부의 출발은 뜻을 정확하게 아는 것부터 시작됩니다. 아이들과 신문을 활용한 수업(NIE : Newspaper In Education)을 할 때 가장 먼저 하는 활동이 바로 '모르는 단어 찾기'입니다. 신문기사를 한번 쭉 읽어 보면서 "자, 모르는 단어에 동그라미를 치세요."로 시작합니다. 모르는 단어에 동그라미를 치고 나면 그 뜻을 바로 가르쳐 주거나 사전에서 찾아보게 하지 않습니다. 문장의 앞뒤를 읽어 보면서 문맥상의 뜻을 유추하도록 합니다. 그래서 짐작하기를 통해 그 단어의 정의가 무엇인지 생각해 보고 그 뜻을 공책에 적게 합니다. 그 다음 사전에서 찾은 정확한 뜻을 따라 적게 합니다. 그렇게 먼저 모르는 단어와 원리의 개념을 이해시킨 후 기사문을 쓴 목적이 무엇이고 주제가 무엇인지 파악하는 단계로 넘어갑니다.

아이들은 '귤'이 궁금하면 처음에는 "귤이 뭐예요?" 이렇게밖에 질문하지 못합니다. 그때 부모나 교사가 구체적으로 대답해 주는 것이 좋습니다.

"귤은 과일인데 사람들이 많이 먹고 좋아하는 간식이야. 귤은 노란색과 주황색이고 껍질을 까서 안에 있는 과육을 먹는 거야. 주로 겨울에 나는 과일이지만, 요즘은 하우스에서 귤을 키우기 때문에 사계절 내내 먹을 수 있단다. 귤은 그냥 먹어도 되고 주스로도 먹고, 귤을 얇게 썰어서 말린 후에 귤차로도 먹을 수 있어. 또 귤껍질을 깨끗하게 씻은 후에 말려서 약을 만드는 재료로 쓰기도 하지."

이렇게 다양한 관점으로 귤에 대해 설명해 주면 귤을 가지고도 하루 종일 깊이 있게 대화할 수 있습니다.

하지만 이야기하는 과정에서 부모만 일방적이어서는 안 됩니다. 그러면 아이는 점점 흥미를 잃고 호기심을 잃어 갑니다. 앞에서 이야기한 대화의 선택권이 아이에게 없기 때문입니다. 아이가 궁금해하지 않는 부분까지 많은 정보를 넣어 주려는 것은 부모의 욕심입니다. 이렇게 욕심을 부리는 순간 아이는 정보의 과부하에 걸립니다. 귤에 대한 기본적인 정보만 알려 준 다음 다시 질문으로 돌아가야 합니다. 부모가 다시 질문하거나 아이가 대답할 수도 있습니다.

예를 들어 "귤은 어떻게 먹는 거지?" 하면 아이는 귤을 까는 시늉을 하거나 "껍질을 까서 먹어요."라고 대답할 것입니다. 그러면 부모나 교사는 다시 질문합니다. "껍질은 먹으면 안 되는 건가?"라고 말입니다. "껍질을 먹어도 되는 과일도 있을까?" 이런 질문을 통해 점점 귤껍질의 다른 용도로 접근해 가야 합니다. 그러면서 아이의 반응을 살펴보고 대화의 흐름을 읽는 것이 중요합니다. 아이는 껍질에 전혀 관심이 없는데 껍질 얘기에만 꽂혀서 계속 얘기하다 보면 지루한 잔소리밖에 안 됩니다. 아이가 오렌지 주스, 귤 주스에 대해 이야기하고 싶다거나 오렌지와 귤의 차이에 대해 이야기하고 싶어 한다면 그 이야기로 넘어가야 합니다. 그런데 부모가 꼭 오늘 귤 껍질의 용도에 대해 알려 주려는 것이 목표였다면 아이의 호기심과 질문을 해결해 준 다음 껍질 이야기로 넘어가면 아이도 훨씬 재미있게 받아들일 것입니다.

#왜? 철학교육의 핵심

"이게 뭐예요?"라는 질문이 해결되고 나면 아이들의 질문은 "왜 이런 현상이 일어나요?"라는 근원적 질문으로 넘어갑니다. 연령으로 치면 다섯 살쯤 되면서 "왜 그래요? 왜요?"라는 질문으로 부모와 교사를 당황시키기도 합니다. 그런데 당황할 필요는 없습니다. 저는 철학 강사 생활을 17년째 해 오면서 저보다 똑똑한 학생들도 만나 왔습니다. 과학 분야에서도 우주, 생물, 물리 분야에 뛰어난 재능을 보이는 아이들도 만나 왔습니다. "블랙홀은 왜 생기는 거예요?", "생물의 변이는 어떻게 일어나는 거예요?" 이런 질문을 쏟아내기도 합니다. 또 수학 분야에서 피보나치 수열, 가우스의 계산법에 대한 질문을 쏟아내는 아이들도 만났습니다. 그리고 인문학이나 경제학에도 깊이 있는 이해력을 보여서 인플레이션이 일어나는 이유와 전쟁이 왜 끊이지 않는지에 대한 질문도 받았습니다. 때로는 아이들의 심도 있는 질문에 쉽게 답하지 못한 경우도 있습니다. 그 질문들마다 일일이 답해 줘야 한다는 부담감이 있었다면 저는 아마 스트레스를 받아서 철학 강사 일을 그만두었을 것입니다. 그런데 아이들은 답을 찾아내라는 것이 아닙니다. 함께 답을 찾아낼 친구가 필요했던 것입니다. 답은 백과사전에도 있고 인터넷에도 있고, 인터넷에 나오지 않는 답을 원할 때는 과학 선생님이나 영재원 교수님, 사회 선생님들을 찾아가 물어보면 됩니다. 아이들은 심오한 답이 궁금해지면 결국 전문지식을 갖춘 사람을 찾아 전문 교육 기관에서 배우려고 합니다. 따라서 부모와 철학 강사는 아이들의 대화 친구가 되어 함께 질문을 찾아보고 해결해 주려 노력하는 자세가 훨씬 중요합니다. 이것이 철학 교육 강사가 갖춰야 할 자질과 역할입니다.

#질 좋은 질문이 있다!

자, 그러면 "왜?"라고 질문을 해 볼까요? 우선 질문을 하기 전에 질이 좋은 질문을 잘 골라서 해야 합니다. 단순히 "왜요? 왜요? 왜요?"만 묻는 아이의 질문은 듣는 부모와 선생님의 힘을 빠지게 합니다. 좋은 질문은 에너지를 갖고 있어서 상대방도 새로운 지혜의 바다로 이끌고 가 행복하고 충만하게 해 줍니다. 질문은 강력한 힘을 발휘하여 상대의 지혜도 넓혀 주고 새로운 생각이나 발견을 이끌어냅니다.

질문엔 묘한 부분도 있는데, 너무 질문이 많아도 좋지 않을 때가 있습니다. 바로 닫힌 질문을 할 때입니다. '네, 아니오'라는 대답이 나오는 질문은 닫힌 질문입니다. 또 인터넷에서 얼마든지 찾을 수 있는 지식 확인 질문도 좋지 않습니다. 이런 닫힌 질문만 하다 보면 논리적이고 깊은 사고를 할 시간과 여유가 없어집니다. 이른바 "왜요? 왜요? 그래서요? 어떻게 되었는데요?" 마치 '왜요병' 같습니다. 말꼬리만 잡는 식의 질문으로는 깊이 있는 사고와 해답을 찾을 수 없습니다. 생각을 하지 않고 빠르게 필요한 답만 즉시 알고 싶어 하면 같은 말만 반복해서 말만 많아질 뿐입니다. 쓸데없이 말은 많이 했는데 문제에 대한 진정한 해답을 찾을 수 없습니다. 그러므로 닫힌 질문이 아닌 열린 질문을 하는 것이 중요합니다. 닫힌 질문은 한 가지 답변만 끌어내고 더 이상 대화가 이어지지 않습니다. 그렇다면 열린 질문과 닫힌 질문을 비교해 볼까요?

열린 질문 VS 닫힌 질문

"이거 몰라? 알아? 먹을래? 안 먹을래?"처럼 대답을 '네, 아니오'로 이끄는 질문이 닫힌 질문입니다. 엄마는 계속 말을 걸지만 아이는 단답으로만 대꾸하고 상호작용 없이 결국 입을 꾹 다물고 맙니다. 심지어 고개를 끄덕이거나 좌우로 흔드는 의사표현도 가능하기 때문에 '네, 아니오'로 대답할 수 없는 질문을 던져야 아이가 입을 뗄 수 있습니다.

닫힌 질문은 말을 더욱 발전시킬 기회를 줄입니다. 의사소통의 기술은 엄청난 고도의 기술을 요구하지 않습니다. 작은 변화만 주어도 열린 질문으로 바뀔 수 있습니다.

"오늘 저녁은 짜장면 어때?"

이런 닫힌 질문은 소통하려는 의지가 얼마나 강한가를 알 수 있습니다. 말끝이 물음표로 끝난다고 해서 무조건 질문이 아닙니다. 정해진 답을 말하게 하는 것도 질문이 아닙니다. 이런 상황은 취조와 협박입니다. 대답을 자유롭게 하지 못하고 두세 가지 객관식 중에서 억지로 하나를 골라야 한다면 우리는 닫힌 질문을 했다고 봅니다. 닫힌 질문의 목적은 상대방과 소통하려는 것이 아닙니다. 서로의 의견을 공유하고 설득의 과정을 거친 뒤에 타협하는 과정이 아닙니다. 발언권을 가진 사람이 우월한 위치에서 자신의 생각을 강요하는 것입니다. 더욱 심해지면 폭력이 될 수 있습니다.

하지만 열린 질문은 무엇일까요?

"민철아, 지금 저녁 9시인데 게임을 계속 해도 될까? 안 될까?"

이렇게 열린 질문을 해야 합니다. 질문자는 상대가 자신의 생각을 마음껏 얘기할 수 있도록 아무 제약 없이 제목만 툭 던져야 합니다. 어떠한 대답도 나올 수 있도록 질문이 완전히 열려 있는 상황을 열린 질문이라고 합니다.

"소화가 어떻게 안 되시는데요?"

"지금 이 상황이 어떻게 불편하신가요?"

열린 질문이 좋다는 것을 알지만 실제로 사용하는 사람은 적습니다. 이유는 질문하는 문장을 어떻게 만들어 내는가 하는 국어의 문제가 아니라 상대가 하는 대답을 내가 얼마나 감당해 낼 것인가 하는 철학의 문제이기 때문입니다. 열린 질문을 던지려면 상대의 의사를 존중해 주면서 내 생각을 양보할 생각도 해야 합니다. 깔때기 법칙으로 자신이 의도한 대답으로 교묘하게 몰고 갈 것이라면 처음부터 제안하는 편이 더 낫습니다.

#구체적이고 실현 가능한 해결 방법까지 찾는 것이 지행합일!

질문은 '왜?'에서 끝이 난다고 단정 짓지 마십시오. '왜?'는 출발이고 시작일 뿐입니다. '왜?'에 대한 해답을 찾아 나가야 합니다. 그리고 계속해서 '어떻게?' 해결하면 좋을지 또다시 질문을 이어가야 합니다. 어떻게 해결할 것인지 구체적이고 실현 가능한 방법을 찾아서 실행하는 것까지가 궁금증에 대한 진정한 해답을 찾은 것입니다.

아는 것에서 그치지 않고 행함을 이루는 일, 즉 '지행합일'을 이루는 것입니다. '지행합일'이란 앎과 행함은 본래 같은 것이어서 아는 것을 행함으로 완전하게 알게 된다는 뜻입니다.

#자유롭게 질문할 수 있는 그날이 오기까지

질문의 장점을 잘 알면서도 부모와 교사가 자유롭게 질문하지 못하는 이유는 무엇일까요? 예로부터 우리는 자유롭게 질문하는 환경에서 자라지 못했기 때문입니다. 웃어른께 일방적으로 풍습과 지식을 전수받는 방식으로 학습해 왔습니다. 그래서 대화와 토론에 익숙하지 않습니다. 부모와 교사들도 좋은 질문과 열린 질문을 잘 만들지 못합니다. 그러나 부모와 교사의 질문은 매우 중요합니다. 답을 확인하고 유도하는 질문이 아닌 아이들 스스로 질문하고 답을 찾아가도록 생각을 열어 주는 질문을 해야 합니다. 아이들이 자신이 한 질문들을 학습 목표에 맞게 찾을 수 있도록 연결하는 질문을 해야 합니다. 너무 막연한 질문을 했다면 구체적인 질문으로 바꾸어 주고, 너무 추상적인 질문을 했다면 본질적으로 무엇을 묻는 것인지 되짚어 주면서 도와주어야 합니다.

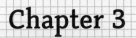

Chapter 3

교육비를 내 주며
내 아이의 단짝이 되길
꿈꾸는 부모들에게

01

자녀의 단짝을 꿈꾸지만 마라!

#아이와 친구가 되어 주는 부모

저에게는 존경하는 철학 선생님이 계십니다. 저를 철학과로 이끌어 주시고, 어린이 철학 교육으로까지 이끌어 주신 철학과 교수님이신데, 제가 아이를 낳았을 때 해 주신 그 말씀을 아직도 잊을 수가 없습니다.

"아이의 친구가 되어 주어라. 부모는 아이 덕분에 새로운 인생을 한 번 더 살아 보는 기회와 축복을 얻은 것이다. 아이가 한 살이 되었을 때 나도 한 살로, 아이가 일곱 살이 되었을 때 나도 일곱 살로 새로운 삶을 한 번 더 살 수 있는 기회를 얻은 것이나 다름없다. 어릴 때 내가 해 보지 못했던 것들도 함께 경험할 수 있다. 함께 별자리를 관측해 보고, 함께 인라인 스케이트를 배워 보고, 함께 수학 공부를 시작해라. 아이와 함께 다시 새롭게 배워 나간다고 생각해라. 내가 무엇인가를 배우고 경험할 때 힘들다면 아이도 당연히 힘들다는 것을 이해해 줘라. 친구는 가르치려고 하지 않는다. 그런데 왜 부모는 아이를 가르치려고 하는가. 친구 같은 부모가 되려면 꿈만 꿀 것이 아니라 정말 친구가 되어야 한다. 놀아 주면서 억지로 지루하게 할 것이 아니라 함께 놀고 함께 공부하고 함께 새로운 것들을, 미처 누려 보지 못했던 것들을 즐기는 것이 친구이다."

　저의 스승이신 교수님께 "사랑하는 내 아이를 어떻게 교육해야 할까요?"라고 질문했을 때, "어떤 교육을 하려는 것보다 그 아이의 친구가 되어 주어라."는 말씀을 듣고 큰 울림이 있었습니다. 몇 년이 지난 지금도 그 순간을 떠올릴 때마다 여운이 남아 마음이 뭉클해집니다. 부모가 아이에게 특정한 교육을 잘 시켜서 아이가 훌륭하게 자라는 것이 아닙니다. 아이의 진정한 친구가 되어 옆에서 함께하면 아이는 부모와 상호작용을 하면서 성장하고 배웁니다. 아이와 함께 미처 보지 못하고 느끼지 못했던 세상을 다시 한 번 경험하면서 그 속에서 깨달음을 얻고 행복을 누리는 그 자체가 큰 교육입니다. 부모가 계속 가르치려 하지 말고 친구가 되어 함께 세상의 현상과 인간의 삶에 대해 이해하고 배워 가면서 즐기는 그 자체가 진정한 교육입니다.

#친구 같은 부모지만 리더십은 필수!

　친구 같은 부모가 될 때 조심해야 할 부분이 있습니다. 바로 아이가 소위 부모의 머리 꼭대기 위에 올라온다고 표현하는 상황이 생기기 때문입니다. 키즈 철학 강사로 활동할 초창기 교육 현장에서 학생들을 가르쳐 보면 친구 같은 선생님이 되어 주다 보니 간혹 선생님을 우습게 알고 무시하며 함부로 행동하는 학생들을 볼 수 있었습니다. 스물세 살부터 아이들의 독서 논술 지도를 시작한 어린 선생님이다 보니 정말 중고등학생들에게는 친구같이 느껴질 수밖에 없을 것입니다. 그런데 친구 같은 선생님은 사실 쉽지 않습니다. 이 관계가 조금만 잘못 설정되면 선생님의 권위는 무시당하고 학생들은 자신에게 주어진 자유와 권리를 남용하게 됩니다. 그래서 오히려 권위적인 교사와 학생 관계보다 더 못한 관계가 될 수도 있습니다. 권위적인 교사와 학생 관계에서는 수업 내용이라도 일방적으로 전달이 가능하고, 학생들이 예의는 잘 지키기 때문입니다. 그런데 친구 같은 교사와 학생의 관계는 잘못하면 수업의 집중도도 떨어지고 학생들이 예의 없이 행동하도록 방치하게 되는 경우가 생길 수 있습니다.

이처럼 친구 같은 교사, 친구 같은 부모는 쉬운 관계가 아닙니다. 그럼에도 불구하고 저는 계속 노력하고 고쳐 나가면서 17년차인 지금은 친구 같은 선생님이자 부모라고 자신 있게 말할 수 있게 되었습니다. 친구 같은 교사이면서 리더십과 권위를 잃지 않으려면 먼저 수업 내용을 아주 충실하게 준비하여 확실하게 수업해야 합니다. 교사는 학습 목표에 맞게 학습 내용을 학생들이 이해하기 쉽게 가르쳐 주는 역할을 하는 사람입니다. 따라서 수업을 확실하게 해 주고 교수 방법에서 부드럽게 대하거나 친구처럼 재미있게 대하는 것은 전혀 권위를 잃지 않는 행동이라는 것을 체험을 통해 깨달았습니다. 이렇게 친구 같은 관계가 되면 학생들은 권위적인 선생님보다 친구 같은 선생님을 당연히 좋아하고 수업에도 자발적으로 참여합니다. 나아가 선생님을 좋아하고 선생님 같은 사람이 되고 싶다는 존경의 마음을 갖기도 합니다.

#부모의 리더십 5단계

친구 같은 부모라도 리더십과 권위를 잃지 않기 위해서는 노력이 필요합니다. 리더십의 대가인 '존 맥스웰 박사의 리더십 5단계'를 살펴보면 이해하기 쉽습니다.

리더십 5단계를 부모에게 적용해 보면 이렇습니다. **1단계는 지위 리더십**입니다. 부여된 지위 때문에 부모님을 따르게 하는 가장 낮은 단계의 리더십입니다. 아이는 자신의 부모이기 때문에 최소한의 예의를 지키고 말에 따르는 것입니다. 이것은 부모의 노력 없이 자연적으로 부여된 리더십입니다. 그래서 부모가 이 지위를 이용해서 권력을 행사하려고 하면 '부모님이 나를 낳아 주신 것 외에 뭘 해 주셨다고 이렇게 요구하실까?' 하는 반항심이 생기기도 합니다. 따라서 지위 리더십은 아이가 보호를 받지 않아도 되면 얼마든지 떠날 수 있는 쉬운 관계입니다. 그러므로 부모는 주어진 지위를 바탕으로 아이와 좋은 관계를 유지하고 쌓아가는 노력이 필요합니다. 그래야 아이에게 존경받고 다음 단계의 리더십으로 올라갈 수 있습니다.

2단계는 관계 리더십입니다. 팔로워가 리더를 따르길 원해서 따르는 단계입니다. 이것은 리더에 대한 기본적인 신뢰가 있어야 형성되고, 아이의 경우에는 부모가 자신을 사랑해 주고 보호해 주는 존재라고 느낄 때에 가능합니다. 그래서 자신의 부모가 좋고 부모가 자기를 사랑하는지를 알고 자신도 사랑하기 때문에 따르는 것입니다.

3단계는 성과 리더십입니다. 부모의 능력과 성과를 멋지다 생각하고 따르는 단계입니다. 부모가 하는 일에 대해 보고 들으며 부모를 대단하게 생각하고 존경하는 것입니다. 예를 들어 문제를 풀거나 레고 같은 블록을 조립하고, 무거운 물건을 옮기다가도 모르는 것을 질문하면 부모님이 제때 알려 주고 문제를 해결해 주는 모습을 보고 부모를 계속해서 따르고 싶은 마음이 생기는 것입니다.

4단계는 인재양성 리더십입니다. 4단계처럼 팔로워가 원해서 리더를 따르는 것까지는 비슷하지만 더 나아가 리더가 자신을 성장시켜 준다고 생각하는 리더십입니다. 닮고 싶은 정도를 넘어서 자신을 잘 이끌어 주고 성장시켜 주는 리더라고 생각하여 스스로 따르기를 선택하는 단계입니다. 부모님의 말씀을 잘 들으면 결국 내가 잘 된다는 사실을 인지하고 부모의 말을 따르는 것입니다. 이 단계는 한두 번의 시도로 만들어지지 않고 충분한 시간 동안 지속적으로 부모가 아이에게 요구할 때에 충분히 이유를 설명하고 아이의 의견도 수용하면서 함께 만들어 가는 경험을 해야 가능합니다.

5단계는 존경받는 리더십입니다. 리더의 인품과 희생을 존경하면서 따르는 단계입니다. 태어나면서부터 1단계 리더십은 자연스레 형성됩니다. 그러나 마지막 5단계까지 올라가기 위해서는 부모가 아이와 인격적인 관계를 쌓고 대화를 통해 서로의 의견을 존중하고 부모가 꾸준히 모범을 보여야만 합니다. 그래야 아이가 부모를 존경하고 감사한 마음으로 본받고 싶어 하는 단계에까지 다다를 수 있습니다.

평생을 5단계 리더십을 향해 가야 합니다. 부모와 자녀의 관계뿐만 아니라 교사와 학생, 그 외의 모든 조직생활과 인간관계에도 적용할 수 있는 리더십 단계입니다. 존경받는 리더십의 단계까지 올라갈 수 있도록 노력하면서 인간관계에서 서로 인격적으로 존중하고 배려해야 합니다. 인간관계에서 갈등이 생겨도 대화로 잘 해결하고 관계를 회복하여 다시 원만하게 지내려는 노력과 연습을 해야 합니다. 관계를 위한 노력을 부모와 자식 관계부터 시작해서 학교생활, 사회생활에 이르기까지 연습하면서 살아간다면 앞으로 만나게 될 모든 인간관계를 원만하게 맺을 것입니다.

02
친구는 가르치려 하지 않는다

#부모가 먼저 멋진 친구가 되기

'유유상종, 끼리끼리'라는 말이 있습니다. 친구는 서로 비슷한 사람들끼리 친해지기 쉽습니다. 취향이 비슷하거나 관심사가 비슷하거나 성격이 잘 맞아서 친구가 됩니다. 부모는 아이가 세상에 태어나 가장 먼저 사귀는 친구입니다. 그리고 평생을 동행할 친구입니다. 내 아이가 멋진 사람이 되길 바라는 마음은 세상 모든 부모에게 있을 것입니다. 그러면 내 아이의 첫 친구인 부모가 멋진 사람이 되어야 합니다. 아이가 가장 먼저 사귀고 가장 가까이에서 평생을 함께할 친구가 바로 부모인데, 그 친구가 멋있어야 아이도 멋지게 성장하기 때문입니다.

부모가 부족하면서 아이에게 최고가 되길 바라는 것은 욕심입니다. 그래서 먼저 부모가 바뀌고 부단한 노력을 기울여야 합니다. 내 아이가 학력, 체력, 경제력, 사회성 등 모든 분야에서 좋은 능력과 인성을 갖춘 사람이 되길 바란다면 먼저 부모부터 노력해야 합니다. 부모의 노력과 긍정적인 사고가 세상에서 가장 친한 친구인 아이의 행동과 가치관도 바꾸어 줍니다. 아이는 부모의 모습을 보고 자연스럽게 따라가기 마련입니다. 가랑비에 옷 젖듯 매일매일 조금씩 보고 배우는 것이 가장 무섭습니다. 한 가족은 음성과 말투까지 닮아 갑니다. 부모가 책을 읽기 시작하면 아이도 책을 가까이하게 되고, 부모가 게으름을 고치고 부지런하게 활동하면 아이도 부지런해집니다. 그리고 부모가 아이에게 "계획을 세워서 성실하게 공부하렴.", "엘리베이터에서 웃어른을 만나면 공손하게 인사를 하렴." 등의 조언을 할 때에도 부모가 이미 그렇게 행동하고 있었다면 가르칠 경우에도 힘 있게 말할 수 있습니다. 받아들이는 아이도 부모님이 그렇게 행동하고 있다는 것을 알기 때문에 거부감 없이 열린 마음으로 조언을 잘 받아들입니다. 그리고 아이가 조금 더 성장하면 부모가 조언하지 않아도 부모님의 행동과 삶의 자세를 보고 스스로 배워 갑니다.

아이가 멋진 사람으로 성장하길 바란다면 아이의 가장 친한 친구인 부모가 먼저 멋진 사람이 되도록 노력해야 합니다. 친구는 서로 비슷한 점이 있을 때 친해지고 사이가 더욱 돈독해집니다.

#친구는 수평적 관계이다

누군가가 나를 가르치려는 어투로 말하는 순간, 듣고 싶어지지 않았던 경험이 있나요? 사람은 자기만의 주관이 있어서 강압적이고 가르치려는 분위기나 수직관계, 상하관계로 명령하는 어투를 듣는 순간 적대감을 느껴 마음이 닫히는 경우가 많습니다.

아이나 어른이나 친구에게 배우고 많은 영향을 받습니다. 좋은 친구를 사귀어서 좋은 습관을 배우면 그만큼 큰 축복이 없습니다. 친구에게 좋은 것도 빨리 배우고, 나쁜 것도 빨리 배우는 이유가 무엇일까요? 바로 수평적인 관계에서 열린 마음과 자세를 갖고 있다 보니 스펀지처럼 빠르게 흡수하는 것입니다. 가르치려 하지 않고 동등하고 수평적인 관계라고 생각해 조심하고 존중하는 마음으로 이야기하면 처음에는 안 듣고 있는 것 같아도 친구에게 서서히 물들어 가는 것을 느낄 수 있습니다.

#칸트는 여덟 살, 엄마와 아빠도 여덟 살

칸트야, 네 덕분에 20년 만에 다시 기차를 타 보게 됐단다.

제 아들 박태양의 태명은 '칸트'였습니다. 결혼 후 임신 소식을 듣고 태명을 지을 때, 평소 우리 부부가 존경하던 독일의 철학자 임마누엘 칸트의 이름을 따서 지은 것이지요.

아들 칸트가 여덟 살이었을 때 오랜만에 휴일을 맞이한 우리 가족에게 기차를 너무 타고 싶다고 이야기했습니다. 아들의 성화에 못 이겨 비가 오는데도 불구하고 마산역에서 진주역으로 기차 여행을 떠났습니다. 아들 덕분에 KTX를 처음 타 보았습니다. 어렸을 때 부모님과 함께 기차를 타고 여행했던 추억도 떠올랐고, 그때와 달라진 기차의 속도와 내부의 모습에 놀라기도 했습니다. 일본에서 JRT도 타 보고 지하철도 많이 타 보았지만 정작 KTX는 탈 기회가 없었는데 아이 덕분에 새로운 경험을 하게 된 것입니다.

또 하나의 새로운 경험은 비 오는 날 달리는 기차 안에서 운치를 느낀 것입니다. 아들의 성화가 아니었다면 실내 여행을 계획했지 기차를 탈 일은 없었을 것입니다. 아이들은 자기가 하고 싶고 원하는 일이 있으면 꼭 해야 합니다. 어른들처럼 안 되는 여러 이유를 갖다 대며 미루지 않습니다. 아들에게 가장 원하는 게 무엇이냐고 물었더니 기차를 타고 싶다며 자신이 가장 원하는 욕구와 원하는 것을 정확하게 표현했습니다.

"이런 자유로운 영혼 같으니라고!"

비가 오는 것은 아이들에게 아무런 방해가 되지 않습니다. 비닐우산을 쓰고 마산역, 진주역 앞에서 누구보다 행복한 미소로 찍은 사진을 보니 덩달아 저와 남편도 행복해졌습니다. 그리고 나도 아이처럼 자유롭게 살고 싶다는 생각이 들었습니다. 저에게 기차는 어떤 목적지에 가기 위한 수단일 뿐이었습니다. 물론 기차를 타지 않았던 이유도 있었습니다. 장거리는 비행기를, 단거리는 자동차를 이용하는 것이 더 편했기 때문에 KTX를 탈 이유가 없었던 것입니다.

그러나 아이는 달랐습니다. 아이에게 목적지는 중요한 것이 아니었습니다. 아이는 기차를 타는 것 그 자체가 목적이었던 것입니다. 엄청난 철학적 깨달음에 '유레카!'를 외치게 해 준 꼬마 철학자 아들입니다.

저는 오늘도 제 일을 하면서 '나는 이 일 자체가 재미있고 자아를 실현한다는 행복한 목적이 있어서 이 일에 집중하고 있는 것일까?' 스스로에게 물었습니다. 아니면 월급날만 기다리면서 이 일을 수단으로 이용하고 계산하고 있는지 되돌아보게 해 주었습니다.

거창하고 화려하게 이유를 설명하지 않고 자신이 정말 원하는 것을 표현하고 행동하는 아이들이 멋집니다. 아이들처럼 단순하면서도 자유롭게, 자신의 행복에 충실하려고 노력하는 삶을 보면서 모든 아이들은 꼬마철학자라고 느꼈습니다. 부모와 교사는 이 꼬마 철학자들과 함께 대화하고, 경험하고, 교육하면서 잃어버렸던 우리의 자유와 행복의 파랑새를 다시 찾을 것입니다.

03
꼬마 철학자의 일흔 살 친구

#나이가 달라도 친구가 될 수 있다

우리나라 사람들은 첫 만남에서 인사를 나눌 때 나이를 꼭 물어봅니다. "나이가 어떻게 되세요? 몇 살이세요?" 통성명과 함께 나이를 묻고 형님, 언니, 동생의 관계를 설정합니다.

하지만 나이를 중요하게 생각하는 우리나라에서도 나이가 다른데 친구처럼 아주 잘 어울리는 한 쌍이 있습니다. 바로 아홉 살 아들 태양이와 일흔 살 하인호 할아버지입니다. 태양이의 할아버지는 35년 간 교직에 몸담으셨고 현재는 수필가로 등단하여 글쓰기 활동을 열심히 하고 계십니다. 요즘 하루 중에 가장 많은 시간을 손자와 보내고 계십니다.

제가 글을 쓰고 있는 이 순간에도 할아버지와 태양이는 플라스틱으로 만든 입구가 좁은 컵, 입구가 중간 크기인 호박 바구니통, 입구가 아주 넓은 공깃밥 그릇에 누가 먼저 탱탱볼을 넣는가 하는 놀이를 하고 있습니다. 이 놀이가 가능한 이유는 아이들은 단순한 놀이를 즐거워하고 할아버지도 어릴 때 전통놀이나 자연이나 주변에서 구할 수 있는 재료들로 노는 것을 즐겨 하셨기 때문입니다. 할아버지는 어릴 때 하셨던 메뚜기, 나비, 잠자리 채집에 능숙하시고 이런 채집활동은 아들이 아주 좋아하는 놀이입니다. 그리고 할아버지는 식물을 키우고 가꾸는 것도 좋아하고 화단이나 산에 있는 다양한 식물들의 이름도 많이 알고 있는데, 아들도 다양하고 새로운 식물을 알아 가는 데에 관심이 많기 때문입니다. 두 사람은 은근히 좋아하는 것들이 겹칩니다.

물론 세상의 모든 할아버지가 그렇지는 않습니다. 태양이 할아버지가 유독 손자를 사랑하시고 친근하고 인자한 성격이기에 가능한 면도 있습니다. 그러나 분명한 것은 조금만 서로 배려하다 보면 손자와 할아버지, 할머니들은 아주 잘 어울리는 한 쌍이라는 사실입니다.

저희는 부모님이 가까이 사셔서 3대가 함께 셀 수 없이 많은 여행을 했습니다. 생각보다 잘 맞는 여행입니다. 왜 그럴까요? 바로 생활패턴과 생체리듬, 체력이 비슷하기 때문입니다. 구체적으로 설명하면, 첫째, 일찍 일어나고 일찍 잠이 듭니다. 둘째, 집중력과 체력이 빨리 떨어집니다. 셋째, 삼시세끼를 한식 위주로 먹습니다. 넷째, 심오하고 복잡한 활동들을 별로 안 좋아합니다. 다섯째, 호불호가 아주 분명하고 빨리 흥미를 잃습니다. 마지막으로 여행 전후로 건강, 컨디션 관리에 신경 써야 합니다.

이렇게 닮은 점이 많아서인지 아홉 살 태양이와 일흔 살의 할아버지는 예순한 살의 나이 차이를 극복하고 가장 친한 친구로 지내고 있습니다. 할아버지의 노후에 가장 귀여운 친구가 되어 드릴 것이고 손자가 자라는 데에 가장 든든한 친구가 되어 주실 것입니다.

어른들을 보고 점점 애가 된다는 말을 할 때가 있습니다. 아이처럼 단순해진다는 것인데, 아이도 어른도 함께 철학자로서 진정한 삶의 의미를 깨닫고 자유로워진다고 이해하면 될 것 같습니다. 꼬마 철학자와 어른 철학자, 두 철학자의 만남은 진정한 삶의 의미에 대해 늘 생각해보게 합니다. 그래서 둘은 아주 잘 어울리는 한 쌍입니다.

04

자녀와 단짝이 되려면 단짝에게 키즈 철학을 시켜라

#지금은 키즈 철학을 할 때이다

모든 아이가 자유로운 꼬마 철학자로서 자유롭게 행동하며 산다 하더라도 다른 사람과 함께 공유하고 소통하면서 표현하고 사는 능력까지 갖추고 있지는 않습니다. 사유하는 것도 연습을 통해 더 깊은 사유를 할 수 있고, 글쓰기 기술도 연습을 통해 실력이 느는 것이며 말하는 것도 연습을 통해 논리적이고 정확한 스피치가 가능하듯 철학도 연습이 필요합니다.

사람들에게 묻고 싶습니다. 아이들에게 필요한 진정한 교육이 사유하고 글을 쓰고 논리적으로 말하며 행복하게 살아가는 것이라고 생각하면서도 성적 향상과 경쟁을 통한 사회적 지위 획득에만 치우친 교육을 시키는 이 모순된 상황을 어떻게 설명할 것인지 말입니다.

"성적 저하가 아닌 순수하게 학습 능력이 저하된 아이들이 많다는 생각을 해 봤나요? 사유를 하고, 글을 쓰고, 논리적으로 말하면서 자신을 표현해 내는 수준이 얼마나 된다고 생각합니까? 다른 사람을 존중하고 공공에 피해를 주지 않고 사회와 환경과 더불어 살아갈 수 있는 사람이 중요합니까, 아니면 학업 성취도가 높고 자기의 사회적 지위를 높이기 위해 경쟁에 몰두하는 사람이 중요합니까?"

요즘 교육전문 서적들을 분석해 보면 아이의 생각을 존중하라는 말이 넘쳐납니다. 심지어는 사랑을 넘치게 받은 아이들의 예의 없는 행동 때문에 일상에서 불편함을 느끼기도 합니다. 이래서야 무슨 교육이 되겠습니까? 진짜 아이를 존중하는 교육은 부모도, 아이도 인간에 대해 깊이 고민하고 모든 인간은 소중하다는 생각에서 시작됩니다. 언뜻 교육을 잘하는 것 같지만 자세히 들여다보면 인간에 대한 이해가 부족하고 여러 가지 눈에 보이는 교육들만 시키면서 마치 잘 시키고 있다고 착각하는 사람이 많은 것이 현실입니다. 그것은 교육이 아니고 부모의 대리만족입니다. 아이가 그 교육을 통해 행복하지 않으면 부모도 결국 외롭고 공허하게 됩니다.

여러 가지 방법으로 생각을 정리해 내고 토론을 통해 반론을 제거하고 확실한 근거를 찾으면서 자신의 생각을 더욱 탄탄하고 논리적으로 만들어야 합니다. 그리고 함께 살아가는 사회 생활에 잘 적응하기 위해서 다른 사람과 생각을 공유하고 소통하는 방법까지 안다면 꼬마 철학자들이 자기 자신만 자유로운 삶을 사는 것이 아니라 더 많은 사람들과 함께 행복을 나누는 사람이 될 것입니다.

05
부자 친구로 만들어 주는 키즈 철학

#우리 아이의 경제관념 바로 세우기

음식을 남을 때엔 그에 맞는 그릇이 필요합니다. 많은 양의 음식을 담을 때는 당연히 큰 그릇이 필요하겠지요. 부를 감당할 때에도 마찬가지입니다. 부를 감당해 낼 수 있는 그릇이 되어야 합니다.

태양이가 일곱 살 때 문득 이런 생각이 들었습니다.

'지금 당장 내 아이에게 천만 원을 준다면? 줄 수 있을까? 일곱 살 아이가 감당할 수 있을까?'

가끔씩 복권에 당첨되었다가 폐가망신을 당한 사람들의 기사를 봅니다. 부를 감당할 만한 그릇이 되지 않은 상태에서 누리는 부는 오히려 화근이 될 수 있습니다. 철학을 하면 정확한 상황을 분석할 수 있는 능력이 생깁니다. 정확하게 자신의 재무상황과 필요상황을 분석하고 꼭 필요한 물건만 사고, 얼마를 저축하고 투자하고, 누릴 것인지에 대한 계획을 세울 수 있습니다. 그리고 중간에 잘못된 판단이나 실수가 있더라도 큰 문제로 이어지지 않습니다. 실수와 오류를 수정할 수 있는 기회를 반성과 성찰을 통해 찾을 수 있고, 수정하는 능력도 있기 때문입니다. 또 눈에 보이는 돈과 물질적 가치보다는 정신적 가치나 본질적 가치를 중요하게 생각하기 때문입니다. 부를 좇는 데에 관심이 많은 사람은 빨리 부를 이룰 수 있겠지만 키즈 철학을 한 아이는 올바른 경제관념을 갖고 시대의 흐름을 통찰하며 화폐 가치를 분석하는 등 상황을 인식하는 힘을 기르게 됩니다. 그리하여 삶 속에서 균형 잡힌 부의 삶을 설계할 수 있습니다. 이것이 키즈 철학을 한 아이들의 힘입니다.

Chapter 4

현실 밀착
상위 1% 아이와의
대화법

01

아빠랑 같이 해결해 보자: 아빠 편

#"할 일은 먼저 해놓고 노는 게 좋겠다."

"세상에는 네가 할 수 없는 것과 하면 안 되는 것도 있어!"

엄마가 주 양육자인 경우가 많지만 그렇다고 아빠가 교육에서 빠져도 되는 것은 아닙니다. 아빠가 몸으로 함께 놀아 주고 목욕도 함께하고 많은 시간을 보낸다고 하더라도 교육적인 부분에서도 한 과목 정도 맡아서 함께 상호작용하지 않으면 큰 교육 효과와 성과를 거두기 어렵습니다. 부모 모두가 교육에 참여하면 아이를 양육하고 가르칠 때 훨씬 좋습니다. 부모 중에 한 사람만 아이에게 온 힘과 온 정성을 쏟아봤자 힘만 더 들고 아이가 느끼는 스트레스만 커질 것이며 자칫하면 모두가 지쳐서 공부를 포기하게 될 수도 있습니다.

어떤 이들은 아빠가 돈을 많이 벌어다 주고 엄마가 집에서 온전히 아이만 교육하는 것이 축복이라고 말합니다. 하지만 막상 엄마 혼자서 아이를 교육하면 엄마도 지치고 외로운 상황에 놓이고 아이도 엄마와의 관계에 스트레스를 받아 둘 사이가 나빠질 가능성이 높습니다. 우리는 새로운 환경과 만남을 통해서 삶의 활력을 얻고 새로운 깨달음을 얻습니다. 학습 자체도 지루하고 긴 배움의 과정인데 매일 보는 주양육자하고만 공부한다면 얼마나 지루하고 지치는 상황이 연출되겠습니까?

그래서 아빠가 교육에 참여해야 합니다. 아빠는 활동적인 것은 함께하려고 해도 학습 쪽은 싫어할 수 있습니다. 밖에서 하루종일 일하고 온 아빠 입장에서는 아이와 공부하는 시간을 피하고 싶을 것입니다. 그러나 아이에게 자신이 가장 자신 있었던 과목 하나를 맡아서 가르쳐 보세요. 교과목이면 현실적으로 도움이 되고 좋지만 레고, 블록, 종이접기나 책을 한 줄씩 돌아가면서 읽어 주는 등 학습과 관련된 부분을 맡아서 하면 됩니다. 아이는 생각보다 금방 반응이 올 것입니다. 처음에는 이제 아빠까지 공부를 시키냐며 거부하고 짜증을 낼 것입니다. 그러나 하루하루 미세하게 익숙해지면서 아이도 아빠로부터 안정감을 느끼고 아빠들 특유의 거시적 관점을 배울 수 있을 것입니다. 엄마들이 꼼꼼하게 부분적인 것을 본다면 아빠들은 크고 넓게 전체를 보는 경향이 있기 때문입니다. 그리고 글씨체 같은 디테일한 부분으로 실랑이를 하는 횟수도 줄 테고 아이의 버릇 없는 부분을 잡아내 단호하게 대처할 것입니다. 사회생활에 필요한 실제적인 부분에 초점을 맞추어서 지도가 가능하다는 것입니다. 아빠의 단호하고 단순한 문답법이 아이의 결정력을 높여 줄 수 있기 때문입니다.

"아빠랑 같이 해결해 보자." 이 말만큼 든든한 마음이 없습니다. "할 일은 먼저 해놓고 노는 게 좋겠다." 하기 싫었던 과제를 먼저 할 수 있게 하는, 정신이 번쩍 드는 아빠의 충고입니다. "세상에는 네가 할 수 없는 것과 하면 안 되는 것도 있어!" 아빠가 자녀에게 자신의 한계에 대해 알려 주고 금지사항에 대해 알려 주는 이 대화는 더 분명하고 명확한 가치 기준을 줍니다. 물론 엄마가 사회생활을 하고 아빠가 집안일을 하는 가정도 있을 것입니다. 또 부모가 똑같이 사회생활과 집안일을 하는 집도 있을 테지요. 결론짓자면 부모 모두가 아이의 교육에 참여해야 아이에게 훨씬 더 균형적인 시각을 갖게 하는 것은 물론 좋은 교육이 이루어집니다.

#아빠의 육아가 중요한 이유

아빠와 많은 대화를 나누는 아이는 확실히 똑똑합니다. 왜냐하면 아빠의 다양한 경험들, 집 주변에서 얻을 수 없는 다양한 정보를 대화를 통해 듣기 때문입니다. 그 정보는 지식이 아니라 아빠의 경험을 통해 얻은 지혜입니다. 직접 경험을 통해 얻은 지혜는 더 명확하고 힘 있게 전달됩니다. 그리고 아빠는 멀리 보고 핵심 정보를 파악하는 능력이 강하고 주위에서 쉽게 얻을 수 없는 새로운 경험을 쌓아 자신의 것으로 만들려는 도전적인 성향이 강합니다. 또 생각이 좀 더 분명하고 단호한 성향도 있습니다.

반대로 엄마가 도전적인 성향과 단호한 성향이 강한 가정도 있을 것입니다. 물론 엄마가 사회생활을 더 많이 하고 다양한 경험을 많이 한 가정에서는 엄마가 이 역할에 충실하면 됩니다. 늘 자신이 처한 상황을 정확하게 분석하고 나에게 맞는 현실적인 대안을 선택해 자기만의 방식으로 적용할 수 있는 능력을 기르는 것도 철학의 시작입니다.

하지만 여기서 무엇보다도 중요한 포인트는 직접 경험을 통해 얻은 지혜를 아이에게 가르쳐 주는 것입니다. 대부분의 가정은 엄마보다 아빠가 직접 경험을 통해 얻은 지혜가 많을 테니 아빠의 육아가 큰 역할을 할 것입니다. 아빠의 명확하고 힘 있는 지혜를 전달받은 아이는 유치원과 학교에서 경험하는 다양한 상황들을 자신만의 경험과 지혜로 만들어 갑니다. 아빠의 폭넓은 정보와 경험을 공유하면서 자신만의 지혜를 얻습니다. 아빠와 함께 높은 나무 위로 올라가는 용기를 얻을 수 있고, 무거운 물건을 함께 나르면서 협동심도 배울 수 있습니다. 그리고 위험해 보이는 공구를 알맞게 사용하여 물건을 고칠 수 있고, 자전거를 타다가 넘어져서 피가 나도 괜찮다고 넘겨 버리는 방법도 배웁니다. 논리적인 판단이 강한 아빠와 함께하는 대화를 통해 아이는 똑똑하고 도전정신이 뛰어난 사람으로 자라납니다. 아빠가 육아에 적극적으로 참여한 덕분에 균형적인 사고와 시각을 가진 아이는 사회에 나왔을 때 눈에 띕니다. 당당하면서 배려가 넘치는 아이, 신중하면서도 결단력 있는 아이, 무엇인가 모순되어 보이는 두 가지의 면이 조화를 이루어 이성적인 면과 감성적인 면이 균형 있게 발달한 인재로 성장했기 때문입니다.

엄마 눈을 바라봐: 엄마 편

#"네 마음이 어떤지 한번 이야기해 볼래? 설명해 줄 수 있어?"

"엄마는 그런 뜻이 아니었어. 너도 그런 뜻이 아니었지?"

엄마는 어떤 상황에서도 자녀의 편에 서야 하는 존재입니다. 자녀는 부모가 세상에 태어나게 한 존재이기 때문에 평생 책임지고 사랑해야 하는 대상입니다. 따라서 자녀가 좋은 방향으로 자라 자신의 삶을 책임감 있게 주도적으로 살아갈 수 있도록 부모는 늘 노심초사하며 교육시킵니다. 교육을 잘못 시켜 자녀가 올바르게 자라지 못하면 부모의 마음은 무너집니다. 간혹 올바르게 자라길 바라는 부모의 마음과는 달리 방황하고 열심히 공부하지 않고 시간을 소모하는 경우, 부모의 속은 타들어 갑니다. 공부를 잘하지 않을 땐 인성이라도 바른 아이로 키우고 싶은데 교육이 부모의 뜻대로 되지 않아 민감할 수밖에 없습니다. 자녀를 잘못 교육했다는 아쉬움을 자녀가 커 갈수록 느끼면서 위축됩니다. 처음에는 정성을 기울여 자녀의 교육에 관심을 갖고 교육

전문가의 조언대로 자녀를 양육하다가 결국 열정이 식어 버려 점점 교육에 신경 쓰지 않게 되는 경우도 있습니다. 자녀와 함께 하던 독서 교육, 국어와 수학 학습, 인성을 위한 대화 등 사소한 교육이 시간이 지나면 아이에게 아주 큰 변화와 결과물로 나타나기 때문에 자녀와의 대화와 협업은 아주 중요합니다.

엄마에게 필요한 '스위치 대화법'

가장 중요한 대화를 손꼽으라면 당연히 엄마와의 대화입니다. 엄마는 자녀와 뱃속에서부터 탯줄로 연결되어 있었던 존재이고 가장 가까운 존재입니다. 정서적으로도 대부분의 자녀는 엄마를 가장 친밀한 존재라고 느낍니다. 그러므로 자녀와의 대화에서도 자녀의 피난처, 즉 숨을 바위가 되어 주는 존재는 엄마여야 합니다. 더 나아가 자녀가 자기의 속마음을 편하게 털어놓을 수 있도록 친밀한 분위기를 만들어 주는 사람이 되어야 합니다. 엄마가 교육관에서 엄격할 수도 있지만 엄격한 기준을 세울 때와 편안하게 이야기할 때의 스위치 전환을 잘 해야 합니다. 스위치 전환이란 엄격한 기준과 편안한 분위기의 대화를 구분하는 것입니다.

저는 키즈 철학을 배우는 학생들에게 자기주도적인 공부를 할 때에도 스위치 전환을 잘해야 한다고 알려 줍니다. 예를 들어 문학을 공부하는 시간에는 감성적인 글쓰기를 위해 최대한 감성을 끌어올려 감성 스위치를 켜고 책을 이해하고 느껴 보라고 합니다. 그리고 신문 기사를 분석하는 시간에는 논리적인 구조를 파악하고 분석하기 위해 객관적이고 비판적인 시각으로 이성의 스위치를 켜고 냉철하게 글을 읽으라고 합니다.

  이처럼 엄마는 스위치 전환을 잘해야 합니다. 그보다도 먼저 엄마는
기본적으로 자녀의 말을 들어 주는 수용적인 태도가 필요합니다. 자녀
가 잘못했을 경우 화를 내지 않고 대화로 해결하는 것이 중요합니다.
자녀들은 매일 실수하면서 자신의 행동을 수정하고 성장해 나갑니다.
자녀에게 화를 내지 않고 왜 잘못된 행동을 했는지, 왜 실수를 했는지
수용적인 태도로 진지하게 들어 줘야 합니다. 왜냐하면 대부분의 사람
들은 혼난 경험이 자신의 행동을 고치는 계기가 되었다거나 전환점이
되었다고 하지 않기 때문입니다. 오히려 칭찬을 받은 경험과 용서를
받은 경험 등 사랑을 받은 기억을 의지하여 평생의 자양분으로 삼아
살아갑니다. 자녀도 마찬가지입니다. 부모님의 엄한 가르침이 자신의
행동을 순간적으로 고쳐 주는 것처럼 보이지만 사실은 혼나지 않으려
고 그 행동을 잠시 피하는 것일 뿐, 진정한 깨달음과 행동의 변화는 사
랑을 기본으로 한 진지한 대화를 나누는 과정에서 생깁니다.

미리 걱정하지 말거라: 조부모 편

#"시간이 지나면 자연스럽게 할 수 있는 것들이다."

"지난번에 비해 훨씬 성장했구나."

요즘 젊은 엄마, 아빠들은 자신들의 주관이 뚜렷하여 다른 부모들의 교육관이나 조언을 잘 듣지 않습니다. 대부분의 젊은 부모들은 자신들만의 분명한 양육 기준을 세우고 그 기준에 맞추어 아이를 즐겁고 행복하게 키웁니다. 사람마다 자라 온 환경도 다르고 가치관, 개성 등 라이프 스타일이 모두 다르니까요.

하지만 시대가 변해도 중요한 가치는 변하지 않습니다. 인생을 먼저 살아 본 조부모 세대는 정말 중요한 가치가 무엇인지 잘 알고 있습니다. 그러니, 시행착오를 겪고 좌절에 빠져 있는 젊은 부모들은 먼저 부모의 삶을 살아 본 조부모님의 말씀을 귀담아듣는 게 좋습니다. 물론 요즘 시대의 흐름과 동향을 파악하는 면에서는 뒤처질지 모릅니다. 하지만 자녀를 교육하는 데 가장 중요한 본질을 놓치고 있지는 않은지 반성해 볼 기회를 줄 분들입니다.

조부모님의 의견을 듣고 성찰해 보면 교육에서 진짜로 중요한 것을 생각하고 본질을 꿰뚫게 됩니다. 그래서 당장 눈앞에 있는 상황은 변하지 않았다고 할지라도 예기불안이 사라집니다. 예기불안이란 자신에게 어떤 상황이 닥칠까 봐 느끼게 되는 불안을 말하죠. 예를 들면 많은 사람 앞에서 발표를 했는데 지적받은 트라우마가 있거나 특별한 행사가 있을 때 생각하는 것만으로도 가슴이 뛰어서 불안해지거나 긴장감이 높아지는 상황, 걱정이 많고 불안에 떠는 상황입니다. 그러나 예기불안은 아직 일어나지 않은 일에 대한 걱정이므로 미리 걱정할 필요가 없습니다. 걱정하는 상황이 안 일어날 수도 있기 때문입니다. 그리고 걱정한다고 해도 원인을 바꾸지 않았다면 결과가 바뀔 수 없습니다. 그러므로 조부모의 의견을 잘 들어 보면 인생을 먼저 사신 분들이라 조급해하지 않고, 예기불안에 떨지 않으면서 편안하게 상황을 분석하고 조언해 주십니다. 그러다 보면 자녀가 성장하기까지 느긋하게 기다려 줄 시간적 여유를 가지게 됩니다. 그래서 아이가 성취한 결과물, 성적보다는 성장을 위해서 한 노력과 발전한 과정을 보는 눈이 생겨 아이를 격려해 주는 마음이 생깁니다.

#조부모의 사랑의 힘

손주에게 가장 친근한 조부모 1위는 누구일까요? 바로 외할머니입니다. 외할머니가 친할머니보다 더 친근하게 느껴진다는 실험 결과도 있습니다. 이것은 동양과 서양 모두 동일한 결과가 나왔다고 합니다.

유전적으로 아이는 염색체 36쌍으로 엄마의 유전자 50%와 아빠의 유전자 50%를 절반으로 나누어서 태어납니다. 그렇다면 유전적으로 볼 때 외할머니, 외할아버지, 친할머니, 친할아버지는 모두 동일한 유전자를 나누어 가진 것입니다. 그런데 왜 외할머니가 동서양을 넘어 손주들이 가장 친근하게 느끼는 조부모 1위로 뽑혔을까요? 바로 모성애와 마음가짐 때문입니다. 엄마는 열 달 동안 태아를 품고 있었고, 자기 배로 낳은 자식이기 때문에 100% 자기 자식이라는 교감을 충분히 나눈 상태로 아이를 맞이합니다. 그러나 사회진화론적 관점으로 볼 때 아빠와 다른 가족들은 다르다고 생각한다고 합니다. 원시시대부터 워낙 다양한 상황이 발생할 수 있는 사회에서 살아왔기에 이 아이가 자기 아이가 아닐 수도 있다는 생각을 무의식적으로 한다고 합니다. 하지만 외할머니는 자신이 낳은 자식의 배에서 나온 아이가 바로 손주이기 때문에 자기 자손이라고 확신한다는 것이죠. 그래서 모계 쪽이 자손을 더 신뢰하고 사랑해서 친근감도 더 가질 수 있다고 해석하는 의견도 있습니다. 이러한 관점이 아니더라도 아이를 사랑하는 마음가짐은 부모보다 조부모님을 못 따라가기 때문에 조부모님의 사랑과 양육도 아이에게 아주 중요합니다.

요즘은 이렇게 해야 멋진 친구야: 친척 편

#"이렇게 해야 돈을 잘 벌 수 있어."

"네가 행복한 게 제일 좋은 거야."

친척들은 아이의 교육을 좀 더 객관적으로 봐 주는 사람들입니다. 조부모님은 사랑하는 자식이 낳은 아이이기 때문에 손주들에 대한 내리사랑이 지극합니다. 그래서 객관적인 시각에서 손주를 바라볼 수 없습니다. 그러나 친척들은 기본적으로 사랑의 시각에서 바라보면서도 한 발짝 물러서서 객관적이고 비판적인 시각을 갖습니다. 그래서 때로는 친척들의 말에 귀를 기울이는 것이 좋습니다. 친척들이 해 주는 조언에 자신의 교육방식을 비추어 보면서 교육을 잘하고 있는지 중간점검을 해야 합니다.

특히 젊은 삼촌, 숙모, 사촌 등이 있거나 다른 지역, 다른 나라에 살고 있는 친척들이 있다면 그들의 말에도 귀를 기울여야 합니다. 다른 지역, 다른 나라에서 중요하게 생각하는 동향, 유행어나 유행하는 영화, 미디어부터 경제의 흐름, 패션 스타일까지 여러 가지 일상생활 속의 팁을 얻을 수 있습니다. 젊은 사람들의 말에도 귀를 열고 소통하는 자세를 갖는 것이 키즈 철학을 하는 부모와 아이들이 가져야 할 자세 중 하나입니다. 그래야만 우리는 '우물 안 개구리'에서 벗어나 더 큰 시각과 열린 마음의 자세로 발전해 나갈 수 있습니다.

#우물 안 개구리와 동굴 안에서 빠져나오자

플라톤의 '동굴의 비유'는 우리나라 속담 '우물 안 개구리가 되지 말자'와 비슷한 의미가 있습니다. 부모는 늘 자기가 하는 교육에 대한 성찰을 해야 합니다. 그래야 우물 안 개구리처럼 자기가 교육을 제일 잘하고 있다는 착각에 빠지지 않습니다. 다른 사람들의 객관적인 평가도 들으면서 더 좋은 교육적 아이디어를 얻을 수 있습니다. 우리는 동굴 속에서 나와야 합니다.

플라톤의 '동굴의 비유'는 이렇습니다. 동굴이 하나 있습니다. 그리고 그곳에 갇힌 사람들이 있습니다. 그들은 사슬에 묶인 채 평생을 살아갑니다. 머리마저 고정이 되어 동굴의 벽만 보고 아무것도 볼 수가 없습니다. 그들의 위로는 불이 있고, 불과 사람들 사이에는 길이 하나 있습니다. 그 길을 따라 다양한 사람들이 지나다니고 그림자가 동굴의 벽에 생깁니다. 몇몇은 동물의 모형을 운반할 때에 생기는 그림자를 실재라고 믿게 됩니다. 빛을 통해 밝은 세상의 실재를 본 적이 없다 보니 그림자가 실재인 줄 믿고 살아가는 것입니다. 이보다 더 나은 것은 알지도 못하고 알고 싶어 하지도 않습니다.

그런데 어느 날 한 사람이 잠시 풀려납니다. 그의 시선은 동굴의 반대편 입구를 향합니다. 처음에는 빛이 너무 눈부셔서 아무것도 볼 수가 없었습니다. 조금씩 빛에 적응을 합니다. 점점 태양 빛 가득한 동굴 밖까지 발걸음을 옮기고 자신이 실재라고 믿었던 것들이 그림자였다는 사실을 깨닫게 됩니다. 실재는 전혀 다르다는 것을 알게 됩니다. 그래서 동굴 속에서 그림자를 믿고 있는 친구들이 불쌍해서 친구들에게 함께 동굴 밖으로 나가자고 합니다. 그런데 친구들은 밝은 빛 때문에 시력을 잃거나 다치고 말지요. 그런 친구의 모습을 보면서 나가자는 친구의 말을 믿지 않습니다. 저렇게 시력도 멀고 다칠지도 모른다는 두려움에 지금처럼 그림자를 바라보며 사는 것에 만족하고 평생을 살아가려고 합니다.

이 동굴의 비유는 서양 철학의 토대를 만들었다고 평가받는 철학자 플라톤의 《국가》에 나오는 예입니다. 인간이 처한 상황을 플라톤이 비유로 쉽게 풀어낸 글입니다. 그는 대부분의 인간은 단순한 현상들만 보고, 그림자만으로도 만족하며 살아간다고 말합니다. 하지만 철학자들은 진리에 대한 사랑을 바탕으로 실재에 관한 지식을 추구합니다. 이것이 바로 동굴 밖으로 나가 이데아를 향해 나아간다는 플라톤 철학의 핵심입니다.

가능하면 우리 자녀들에게 친척들과 자주 만날 수 있는 기회와 시간을 주어야 합니다. 마치 플라톤의 '동굴의 비유'처럼 부모와 조부모, 자녀 이렇게 자신들만의 동굴에 갇혀 교육을 하면 진짜 중요한 것들을 보지 못할 수 있습니다. 자신들이 보는 그림자가 진짜라고 믿었던 동굴 속 사람들처럼 될 수 있습니다.

논밭에 왜 허수아비를 세워 놓았을까?
: 잠자리 대화 편

#**"허수아비를 보면 어떤 생각이 들어?"**

"허수아비에게 이름을 지어 준다면 뭐라고 지어 주고 싶어?"

"가을의 논밭은 어떤 모습일까?"

잠자리 책 읽기의 중요성은 이미 많이 들어 보았을 것입니다. 3세 이전 아이에게 잠자리 독서를 하면 유대감 형성에 효과적입니다. 그리고 3세 이후의 아이에게도 효과적인데, 인간은 잠을 자는 동안 기억력과 감정에 관여하는 뇌가 활발하게 활동하기 때문입니다.

저는 잠자리 책 읽기와 더불어 잠자리 대화의 중요성을 강조하고 싶습니다. 키즈 철학에서도 아주 중요한 주된 교수법이 바로 대화와 토론입니다. 책의 내용을 읽어 주는 것은 세이펜도 할 수 있고 CD나 유튜브의 책 읽어 주는 동영상을 틀어 놓아도 가능합니다. 그러나 책을 읽어 주면서 잠시 좋은 장면이나 좋은 문장에서 멈추어 대화를 나누는 활동은 사람만이 할 수 있습니다. 부모와 아이가 잠자리에서 대화를 많이 하면 책의 내용을 더욱 깊이, 제대로 이해할 수 있고 창의력에도 도움이 됩니다. 그리고 아이와 부모 모두가 마음의 안정을 찾으면서 잠들 수 있습니다.

사랑하는 올케, 키즈 철학의 핵심은 대화와 토론이야.

저의 조카 다인이가 네 살 무렵의 일입니다. 다인이가 저희 친정에서 잠을 자고 갈 때가 있어서 올케가 조카에게 잠자리 책 읽기를 해 주는 모습을 보았습니다.

다인이는 또래 여자 아이들 중에서도 인지와 언어, 신체 활동 능력이 눈에 띄게 뛰어나서 책을 읽어 줄 때 집중을 굉장히 잘하고 대답도 잘했습니다. 이렇게 자랄 수 있었던 비결은 타고난 체력과 부모의 균형 잡힌 식습관 형성이 한몫을 했습니다. 무엇보다도 간호학을 전공한 엄마와 유아교육을 전공한 아빠의 교육방식이 조화를 이루어 건강하고 똘똘한 아이로 잘 자라고 있는 것이지요. 특히 인지와 언어능력의 발달 이유는 다름 아닌 CD 흘려듣기와 책 읽기를 꼽을 수 있습니다. 저는 주변의 많은 사람들에게 영어 음악 CD 듣기와 책 읽기를 강조했습니다. 특히 어릴수록 아이가 듣든 안 듣든 CD를 틀어 놓기만 하라고, 책을 꼭 많이 읽어 주라고 조언했습니다. 이 조언을 동생 부부는 실천하였고, 자기들만의 식습관과 신체활동 체험까지 더해 잘 키우고 있는 것입니다.

그런데 책을 읽어 주는 모습에서 '키즈 철학' 교육 방법을 추가하면 좋겠다고 느꼈습니다. 다인이 엄마와 아빠는 아이에게 하루에도 몇 권씩 책을 큰 소리로 재미있게 읽어 줍니다. 그날 밤, '가을'이 주제인 동화책을 읽어 주는 모습을 보았는데 책을 읽은 후 내용을 확인하는 질문만 주로 하는 모습을 발견했습니다. 물론 그렇게 읽어 주면 핵심을 파악하는 능력이 발달한다는 장점이 있습니다.

다인이 엄마는 곧 "우리 고모한테 책 읽어 달라고 하자~." 하면서 철학 선생님인 저에게 자연스럽게 기회를 넘겼습니다. 저는 책을 줄줄 읽어 주는 것보다는 아이가 좋아하는 한 장면을 보고 멈추어서 그림을 관찰하게 했습니다. 그리고 그림과 단어를 가지고 질문을 시작했습니다.

"다인아, 논에 허수아비를 왜 세워 놓았을까?"

"허수아비 본 적 있어?"

"허수아비는 새가 오면 쫓아내려고 세워 둔 거야."

"왜 새를 쫓아내야 할까?"

"새는 쌀을 좋아해?"

"다인이도 쌀알 본 적 있지?"

"다인이는 쌀을 그냥 먹어, 밥으로 만들어서 먹어?"

"다인이가 좋아하는 밥이 바로 쌀을 익힌 거야."

"쌀을 지켜주는 것이 허수아비네."

"허수아비는 봄, 여름, 가을, 겨울 중에 언제 많이 볼 수 있을까?"

책을 줄줄 읽어 주는 방법도 있지만 책의 한 장면을 펼쳐 놓고 아이와 계속 대화를 이어가면서 읽는 것이 바로 키즈 철학 교육식 책 읽기 방법이라고 보여 주었습니다. 이미 아이를 잘 교육하고 있는 다인이 엄마와 아빠가 이렇게 키즈 철학 교육식 책 읽기까지 잘하게 되면 다인이는 더욱 지혜로운 아이로 자랄 것입니다.

#키즈 철학 교육식 책 읽기 방법 세 가지

어릴 때부터 키즈 철학 교육식의 책 읽기를 한 학생들은 애초에 책을 읽는 자세가 다릅니다. 그들에게는 공통된 세 가지 방법이 있습니다. 이 세 가지 방법으로 여러분도 깊이 있게 책을 읽고 깨달아 자아의 성장과 변화를 이뤄 가길 바랍니다.

첫째, 책을 읽으면서 감명 깊은 구절이나 장면에서는 멈추어서 깊이 생각해 보고 질문을 합니다.

책을 끝까지 빨리 읽는 것도 중요합니다. 작가가 자신이 하고 싶은 이야기를 처음, 중간, 끝의 형식에 맞추어 쓴 이유와 목적이 있을 테니 늘 처음 부분만 읽다가 책을 덮으면 전체 주제를 이해할 수가 없습니다. 하지만 책 전체 내용을 읽은 다음에는 잠시 멈추어서 깊이 생각을 해 보는 철학적 사유의 시간을 갖는 것이 필요합니다. 인상 깊었던 장면이나 감명 깊었던 한 문장을 다시 곱씹어 보면서 떠오르는 질문들을 대화해 보면 좋습니다. 대화를 나누면서 작가가 책을 쓴 의도와 목적을 더욱 잘 이해할 수 있고, 책의 주제도 더 깊이 파악할 수 있습니다.

둘째, 충분한 시간을 가지고 그림만 살펴보고 질문을 합니다.

나이가 어린 아이들일수록 책에 있는 그림을 보면서 대화하는 것도 아주 좋은 방법입니다. 키즈 철학 교육식 책 읽기 중 그림만 보고 대화하는 것은 글을 읽는 것보다 더 많은 상상력을 불러일으킵니다. 그림을 보고 떠오르는 생각을 말하는 아이를 제지하지 않고 마음껏 상상할 수 있는 시간을 줍니다. 마음껏 질문하게 하고 부모는 옆에서 함께 상상하고 질문에 대한 답을 찾아가는 시간을 가집니다. 그러다 보면 책의 주제와 작가의 의도, 더욱 다양한 아이디어를 얻을 수 있습니다.

셋째, 자세히 안 보면 보이지 않는 것들을 보거나 눈에 안 보이는 것들을 찾아봅니다.

유명한 숨은 그림찾기 시리즈 중에 《월리를 찾아라》가 있습니다. 마치 숨어 있는 월리를 찾듯 아이와 함께 그림책이나 책 속 인물 중에 쉽게 발견하기 힘든 것들을 찾아보는 시간을 가져 보면 좋습니다. 키즈 철학 교육식 책 읽기는 자세히 보거나 읽지 않으면 발견할 수 없는 디테일한 부분을 찾게 하는 세심함을 길러 줍니다. 심지어 눈에 쉽게 안 보이는 숨은 의미나 느낌 등을 찾아서 부모나 친구들과 함께 대화를 나누어 보세요. 책의 본질적 의미나 주제는 단번에 파악할 수 없도록 눈에 보이지 않을 때가 있습니다. 쉽게 찾을 수 없는 숨은 의도나 본질적 의미를 볼 수 있는 통찰력을 기르기 위해 숨은 주제를 찾는 연습을 해 봅니다. 그러면 좀 더 다른 시각에서 책을 이해할 수 있고 실생활에서도 복잡하고 다양한 문제를 해결해 나갈 때 더욱 깊은 사고력을 발휘합니다.

06
'생각하고, 마주 보고': 침묵 대화 편

#침묵의 중요성

시인이자 수필가인 류시화 작가가 쓴 수필 〈나의 모국어는 침묵〉에는 침묵의 중요성이 드러납니다. 류시화 작가가 미국의 애리조나 주 투손 시의 인디언 축전에 참가한 후 뜻밖의 일을 경험하고 깨달은 내용을 쓴 것입니다. 류시화 작가는 인디언 노인들에게 자기 소개를 하면서 인디언 세계에 관심이 많아 철학과 역사를 많이 알고 있다고 말한 뒤 잘 부탁한다고 했습니다. 그러나 인디언 노인들은 허리를 꼿꼿이 세우고 묵묵히 앉아 침묵할 뿐이었습니다. 결국 그들과 별다른 대화를 나누지 못했는데, 얼마 지나고 나서야 침묵의 의미를 깨달았습니다. 침묵은 인디언 부족의 전통이었는데, 그들은 누군가를 처음 만나면 대화를 시작하기 앞서 그렇게 한동안 침묵으로 상대방을 느꼈습니다. 자기 앞에 있는 존재를 가장 잘 느끼는 방법이 말을 통해서가 아니라 바로 침묵을 통해서라는 사실을 그들은 이미 깨달았던 것입니다.

이 수필을 읽고 난 후 '나의 모국어는 침묵'이라는 이 역설적인 제목을 잊을 수가 없었습니다. 모국어는 자기 나라의 말인데, 말이 침묵이라니……. 침묵도 강력한 메시지를 전달하는 말과 소통이 될 수 있다는 평소 저의 생각을 류시화 작가가 인디언 부족의 전통을 통해 잘 표현해 주어서 많은 공감이 되었습니다.

저희 아들 태양이가 언어가 발달해 풍부한 어휘를 사용하니까 주변 친구들의 부모님이나 학부모님들이 저만의 특별한 노하우가 있나 싶어서 물어봅니다. 처음에는 저의 노하우대로 "아이에게 말을 많이 하는 부모가 되어야 합니다! 부모님께서 쉴새 없이 말을 하시고 들어주셔야 해요!"라고 제 경험과 교육 방법을 말씀드렸습니다. 그런데 학부모님들이 되물었습니다. "저도 말을 아주 많이 하는데요?", "저도 쉴새 없이 말을 합니다."

대부분의 경우 부모가 아이에게 말을 많이 하면 많이 듣는 것에 노출된 아이의 언어가 발달하기 마련입니다. 언어 발달이 느리다고 걱정하는 친한 지인들은 제가 직접 부모와 아이와의 대화를 관찰해 보기도 했습니다. 그 결과는 엄마가 아이에게 의미 없는 말들을 너무 많이 해서 아이가 귀담아듣고 있지 않았던 상황이 대부분이었습니다.

#생각하는 의자

'생각하는 의자'는 오은영 박사가 〈우리 아이가 달라졌어요〉라는 프로그램에 나와서 유명해진 타임아웃 훈육 방법입니다. 체벌하는 것보다 훨씬 나은 방법이라고 생각하여 많은 부모들이 시도하고 있지요. 그런데 생각하는 의자도 이 훈육 방법을 왜, 어떻게 사용하는지 항상 철학적으로 생각해 보고 실천하면 훨씬 큰 효과를 거둘 수 있습니다.

첫째, 생각하는 의자에서 가장 중요한 것은 아이가 생각할 준비가 되었는지 상태를 살펴봐야 합니다. 생각하는 의자는 말 그대로 생각을 해 보라고 아이를 앉히는 것이기 때문에 아이가 스스로 자신의 잘못을 생각할 만한 나이가 되었을 때 적용해 볼 수 있는 훈육 방법입니다. 세 살 이전의 아이들에게는 별로 적합하지 않은 방법이고 오히려 고립된 상황에 무서움과 공포를 느낄 수 있습니다. 그래서 다섯 살 이상의 아이들에게 부모와의 안정적인 애착이 형성되어 있다는 전제가 있으면 이 방법이 효과적입니다.

둘째, 부모의 감정조절이 중요합니다. 생각하는 의자의 장점 중 하나는 아이뿐만 아니라 부모도 화를 내기 전에 아이를 다른 공간으로 분리시켜서 스스로 진정할 시간을 가질 수 있다는 것입니다. 생각하는 의자 사용 방법을 잘 모르고 아이의 잘못에만 집착해서 감정조절이 안 된 상태에서 아이를 억지로 의자로 끌고 가거나 감정을 이미 다 표현한 채 아이를 의자에 앉힌다면 잘못된 훈육이 됩니다. 그러므로 부모 스스로 감정조절을 할 수 있어야 하고 바로 의자에 앉히는 것보다는 "한 번 더 잘못하면 생각하는 의자에 앉힐 거야." 하고 상황을 알려주는 것이 아이에게도, 부모의 흥분을 막는 데에도 효과적입니다.

셋째, 생각하는 의자가 있는 방은 깨끗하게 정리되어 있어야 합니다. 정리가 잘 되어 있어야 스스로의 행동을 돌아볼 수 있습니다. 옆에 장난감이 있거나 호기심을 보일 만한 물건이 있으면 안 됩니다. 아이의 주의가 산만해져서 다른 생각을 할 수도 있습니다. 또 너무 복잡하고 어지러워서 극도로 불안해질 수도 있습니다. 그래서 생각하는 의자가 있는 방은 정리가 되어 있는 곳이 좋습니다.

이 모든 생각하는 과정이 끝나면 엄마를 부르라고 하거나 정해진 시간이 지나면 엄마가 들어갑니다. 그래서 무엇을 잘못했다는 생각이 들었는지 자기 입으로 말하도록 합니다. 이 방법이 가장 좋지만 아이의 성향에 따라 말을 하지 않으려는 아이에게 억지로 대답을 받아내려고 강요해서는 안 됩니다. 눈으로도, 마음으로도 알 수 있습니다. 아이가 반성하고 있는지 눈으로, 마음으로 이야기한 후에 엄마가 잘못된 일을 되짚어 줄 수도 있습니다. 그렇게 대화를 나눈 후에 아이를 꼭 안아줍니다. 마무리 단계에서 대충 매듭을 지어 버리면 훈육한 효과가 전혀 없고 힘만 빠집니다. 마무리를 정성스럽게 해야 더 좋은 관계, 사랑을 확인하는 관계를 만들 수 있습니다.

#아이컨택트

아이컨택트가 왜 중요할까요? 저는 최근에 만난 한 사람을 통해 아이컨택트의 중요성을 느꼈습니다. 그는 외모도 준수하고 지적인 능력도 갖추고 있어서 한 조직에서 높은 관리자의 위치까지 올랐습니다. 당연히 호감을 가지고 일을 전달받으려던 중에 '무슨 말을 하는 건지 잘 모르겠다'는 느낌을 받았습니다. '저 사람은 분명 관리자로서 구성원들에게 전달할 사항들이 있을 텐데 어떤 이유에서 전달력이 약한 것일까?' 생각해 보고 관찰해 보았습니다. 바로 '아이컨택트'가 되지 않았습니다. 물론 개인적인 기질과 성향이 내성적이고 수줍음이 많아 그럴 수도 있습니다. 하지만 눈을 못 마주치고 바닥이나 옆을 보고 말을 하니 집중력이 떨어졌습니다.

말은 입으로만 하는 것이 아닙니다. 눈은 마음의 창이라고 합니다.

내 마음과 생각을 눈으로도 전달할 수 있습니다. 아무 말을 하지 않아도 눈으로 마음을 전달할 수 있는 방법을 잊으면 안 됩니다. 그리고 눈으로 말하는 아이컨택트를 놓치면 또 다른 실수로 이어집니다. 상대방이 지금 내 이야기를 어디까지 이해했는지 확인하지 못하기 때문입니다. 상대가 이해하지 못한 상황에 다음 이야기까지 이어서 쏟아 버리고 가는 것밖에 안 됩니다.

조직생활뿐만 아니라 부모와 자식 간에도 마찬가지입니다. 엄마가 아이에게 눈을 맞추지 않고 이야기를 하면 아무리 많은 말을 해도 전달력이 떨어집니다. 왜냐하면 일단 대화를 할 때 먼저 '나'에게 집중할 수 있게 주의를 끌어당기는 작업을 놓쳤기 때문입니다. 주의 집중을 시키는 것은 대화 전에 아주 중요한 작업입니다. 주의 집중이 안 된 상황에서 한 말은 그 말에 반응할 성공률이 어마어마하게 낮아집니다. 그러나 주의 집중이 된 상황에서 한 말은 몇 마디 하지 않았음에도 그 말에 반응할 성공률이 아주 높아지는 것은 당연한 결과입니다. 그러므로 우선적으로 해야 할 일은 '아이컨택트'입니다. 여기서 또 중요한 것은 단순히 눈만 쳐다보는 것이 아닙니다. 아이가 부모의 눈을 쳐다봤을 때 바로 말하지 않고 잠시 침묵의 순간을 둡니다. 그래서 아이가 부모의 말을 듣기 전에 차분한 마음을 가질 수 있게 하는 것이 궁극적인 목적입니다. 부모도 아이와 눈을 맞추고 갖는 침묵의 순간에 아이의 마음과 감정을 느껴 봐야 합니다. 그 다음에 이야기를 전달하면 전달력이 아주 높아질 것입니다. 말이 많지 않은 가정의 아이가 부모와 대화가 잘 되는 이유를 관찰하고 분석해 보면 아이컨택트와 주의 집중이 잘 되어서 그런 경우가 많았습니다. 조직생활에서도 훌륭한 리더는 많은 말을 하지 않았는데도 아이컨택트가 잘 되고 있는 경우가 많다

는 것을 기억하여 모든 생활의 기본은 아이컨택트라는 사실을 명심해
야 합니다.

Chapter 5

5감과 2성을 활용한 주기별 교육법을 하라!

01

1감, 크게 열려 있는 귀와 열린 입

#많이 듣고 많이 보고 많이 말할 수 있게 해 주세요!

갓난아기 때부터 할 수 있는 교육이 있습니다. 바로 좋은 소리를 많이 들려줘야 합니다. 특히 들려주는 교육은 실천하기도 쉽습니다. CD나 음원을 계속 틀어놓기만 하면 부모도 듣고 아이도 듣습니다. 저는 태양이가 갓난아기일 때부터 노부영 영어 CD와 슈퍼 심플송을 계속 들려주었습니다. 그 후에는 중국어 정상현 영어 동요도 계속 들려주었습니다. 모국어와 외국어 습득에 혼란이 생길까 봐 걱정할 수도 있는데 그런 경우는 자기 아이가 외국어에 관심이 많은 아이인지 아닌지 잘 관찰하면서 중간에 수정하면 됩니다. 대부분의 아이는 어차피 모국어에 훨씬 더 많이 노출되는 상황이므로 영어나 중국어 동요, 동화 음원을 많이 들려주는 것은 외국어를 익숙하게 여길 좋은 기회가 됩니다.

그리고 클래식이나 재즈, 어릴 때만 들을 수 있는 동요를 많이 들려

주어야 합니다. 음악적 감수성이 예민한 아이는 작은 소리에도 귀를 기울일 줄 알고 작은 소리의 차이도 인지할 수 있는 섬세함을 가질 수 있습니다. 감수성은 다른 사람과 관계를 맺을 때 공감하는 태도를 갖게 하고 인간관계에서도 조화를 이루는 사회성으로 발현됩니다.

이 시기에 말하는 열린 입은 아이의 입이 아니라 부모의 입입니다. 아이는 갓난아이이므로 말을 할 수 없습니다. 부모가 쉴새 없이 말하고 설명해 주는 것이 중요합니다. 노래로 음을 붙여서 말하는 것도 좋습니다. 짧고 간결하게, 단어 위주로 반복하여 눈을 맞추고 말하는 것이 좋습니다. 많은 말보다는 정확한 말과 부드러운 목소리로 눈을 맞추고 말해야 합니다.

#흘려듣기의 중요성

'흘려듣기'는 효과적인 외국어 공부를 할 때 많이 사용하는 방법입니다. 영어 공부를 하면서 영화를 자막 없이 원어로만 시청하거나 CD를 계속 틀어놓고 흘려듣게 합니다. 그러면 시간이 지났을 때 자연스럽게 영어의 뜻을 이해할 수 있을 만큼 귀가 뚫리고 말이 나온다고 합니다. 저도 주로 영어와 중국어, 바이올린 연주곡이나 클래식, 재즈 같은 음악을 주로 흘려듣게 했습니다. 흘려듣기라는 말은 영어 공부법에서 주로 사용하는 말입니다. 저희 아이가 다섯 살 때부터 바이올린을 시작했는데 처음에 흥미를 느끼지 못해서 저는 아이에게 바이올린 연주곡을 들려주면서 차차 흥미를 느끼고 익숙해지도록 했습니다. 그래서 저는 흘려듣기는 꼭 외국어 공부에만 한정 지을 필요 없이 어떤 곳에서든 익숙하고 자연스럽게 노출시킬 때 적용할 수 있는 방법이라고 생각해 유아 교육에 관심이 있는 사람들에게 CD 플레이어는 꼭 있어야 한다고 추천합니다.

#흘려듣기를 할 때 가장 많이 묻는 질문 세 가지!

그렇다면 흘려듣기를 하라고 했을 때 가장 많이 묻는 질문 세 가지를 살펴보겠습니다.

첫째, 같은 CD를 계속 틀어 주어도 될까요?

네, 됩니다. 오히려 같은 CD를 반복해서 틀어 주고 아이가 다 안다고, 지겹다고 할 때까지 틀어 주는 것이 효과적입니다. 반복학습의 효과는 아이가 점점 정확하게 단어와 문장을 익히도록 해 줍니다. 정확하게 알면 입에서 절로 튀어나옵니다. 그리고 자신감을 갖는 단계까지 갑니다.

둘째, 흘려듣기를 하는 시간대나 목표 시간을 정해 두어야 하나요?

제 생각에 흘려듣기의 경우 너무 틀에 갇히지 말고 자유롭게 듣기를 추천합니다. 물론 흘려듣기도 목표 시간을 정해서 계획적으로 하면 효과가 훨씬 클 것입니다. 오전에 30분, 오후에 30분, 저녁에 30분씩 CD나 DVD에 노출된 아이는 일주일에 한두 번 듣는 아이보다 훨씬 큰 효과를 보는 게 당연합니다. 그러나 말 그대로 흘려듣기니까 부모와 아이가 부담 없이 즐겁게 매일 실천하는 것이 중요합니다. 아침에 일어나면 CD 플레이어를 틀거나 자기 전에 틀거나 아니면 오후에 틀거나 해서 즐겁게 흘려듣기를 일상화하고, 흘려듣기의 중요성을 부모가 인식하는 게 중요합니다.

셋째, 흘려듣기가 된 다음 단계에는 집중듣기를 해야 합니까?

말 그대로 영어에 대한 부담 없이 소리를 흘려듣는 것이 흘려듣기라면 영어 글자와 소리를 맞춰서 듣기와 읽기를 병행하는 것은 집중듣기라고 합니다. 집중듣기의 목표는 영어 글자를 보며 소리를 통해 단어가 어떻게 발음되는지 익히고 결국 스스로 책을 읽는 게 목표입니다.

그러나 저는 집중듣기도 틀과 목표를 정하지 않고 즐기면서 자기만의 방식에 맞추어서 하길 권합니다. 저는 워킹맘이라서 집중듣기를 정확하게 챙기지 못했습니다. 대신 늘 책을 중요하게 생각해서 흘려듣기가 충분히 된 다음에는 옥스퍼드 리딩트리라는 책의 가장 낮은 단계부터 손가락으로 단어를 짚어 가면서 함께 읽는 연습을 했습니다. 아이가 감으로 대충 한 단어씩이라도 읽게 하면서 틀린 단어는 다시 읽어 주었습니다. 억지로 암기를 시킨 것이 아닙니다. 한글 동화책을 읽으면서 한글을 익히는 방식처럼 아주 짧은 영어 한 문장이 적힌 동화책을 한 단어씩 손가락으로 짚어 가면서 여러 번 읽게 합니다. 처음에는 엄마가 거의 다 읽어 주고 점차 아이 스스로 읽게 되고 나중에는 거의 암기하여 읽게 됩니다. 그 후에 영어 발음이 어떻게 나는지 파닉스를 가르쳐 주어 모르는 단어를 봐도 읽을 수 있도록 발음법을 가르치는 방식으로 단계를 높여 갔습니다.

#흘려듣기는 영어만 하는 게 아닙니다!

저는 개인적으로 흘려듣기는 영어부터 시작해서 영어 노출을 많이 했습니다. 하지만 아이가 공부로 느낄 만한 집중듣기 같은 학습식 영어 공부는 모국어를 먼저 뗀 다음에 시켰습니다. 모국어가 충분히 발달하지 않으면 영어의 깊은 뜻을 이해할 수 없다고 생각했기 때문입니다. 어차피 영어권 나라가 아니라면 어렸을 때 영어 유치원에 다녀 영어에 많이 노출되었던 아이들도 초등학생 때 그만큼 영어에 노출이 안 되면 결국 잊어버리고 마는 상황을 보았기 때문입니다. 그래서 저는 영어보다는 모국어의 수준을 높이는 것이 더 중요함을 깨달았습니다. 모국어를 사용할 때 어려운 어휘를 정확하게 이해하고 활용하는 능력이 더 중요하다는 것을 말이죠.

저희 아이는 지금 한글책으로 집중읽기를 합니다. 어른들이 읽는 인문 철학책을 일주일에 한 페이지씩 강독시킵니다. 무슨 뜻인지 전혀 모르지만 전쟁사나 문화사, 역사에 대한 책을 한 페이지씩 소리 내어 읽게 합니다. 그러면 영화에 뜨는 한글 자막도 빨리 읽을 수 있고, 차를 타고 지나가다 보이는 표지판의 글자나 간판도 빨리 읽을 수 있게 됩니다. 또 발음이 또박또박해지고 어려운 어휘도 물어보면서 자연스레 익히게 됩니다. 다른 국가의 지명이나 사람 이름 등도 익숙하게 발음하고 알게 됩니다. 속독이나 아나운서 스피치를 따로 배우지 않아도 일정 수준 이상의 속도와 정확한 발음, 수준 높은 어휘를 습득하게 됩니다.

02

2감, 예민한 입과 예민한 코

#새로운 맛을 느껴 보고 다양한 향을 느껴 볼 기회를 주세요!

저는 쌀, 콩, 채소, 과일, 밀가루 등 아이에게 위험하지 않은 것들은 다 만져 보고 맛과 향을 느껴 볼 수 있도록 기회를 주었습니다. "지지 야~."라는 말을 거의 해 본 적이 없습니다. 제제보다 허용을 많이 했 지요. 세 살 이하의 아이가 해 볼 만한 경험은 많지 않지만 오감을 통 해 할 수 있는 다양한 경험은 많기 때문입니다. 그래서 예민한 입, 미 뢰, 예민한 코를 활용해서 소리로 세상을 듣는 것이 아니라 직접 세상 을 알아보도록 기회를 주었습니다. 아이들은 조심스럽게 새로운 맛과 향, 촉감을 직접 경험하면서 새로운 것을 알아갑니다. 그 기억들이 좋 게 남아 여유 있게 접근할 수 있을 때, 아이가 안정적으로 자신의 삶에 도전할 수 있고 긍정적인 태도로 살아가는 자세를 배우는 것입니다.

동화《사과가 쿵》을 가장 많이 활용했습니다. 과일, 채소를 소재로 한 도서를 활용하면 엄마가 100% 준비하지 않아도 오감놀이 재료만 하나 주고 책을 읽어 주면서 대화를 이끌어 갈 수 있습니다. 세 살 이하의 아이들은 책도 처음부터 끝까지 다 읽어 주는 것보다 그림 위주로 장면을 설명해 주는 것이 좋습니다.

#오감발달을위한자연철학수업

문자 교육을 하기 이전에 오감이 충분하게 발달되어야 합니다. 오감을 발달시켜야 하는 이유는 감각적으로 차이를 느끼는 것이 인식보다 더 빠르기 때문입니다. 쉽게 말해 '감으로 안다, 눈치로 알아차린다'는 표현을 많이 사용합니다. 상황의 차이, 언어적 차이 등 다른 점을 감각으로 알아차리고 배우는 것은 쉽지 않습니다. 다양한 표현을 할 수 있는 아이는 다양한 경험을 통해서 나오기 때문입니다. 손으로 느낀 질감, 그날의 온도와 날씨, 흙의 냄새, 그날의 기분 등의 차이를 알고 말로 표현할 수 있어야 합니다. 이것이 가능해지면 다른 사람의 표현을 잘 이해하는 것은 물론 책을 읽을 때에도 이해의 폭이 넓어집니다.

아이들은 자연에서 오감을 발달시키는 자연 철학 수업을 하는 것이 중요합니다. 나뭇잎을 주워 와서 가을을 느껴 보고, 직접 씨를 심고 빗물을 주어서 토마토와 봉선화를 키워 봐야 합니다. 장수풍뎅이를 키워 보면서 곤충의 한살이를 살펴보는 활동도 해 봐야 합니다. 그 후에도 주제에 맞는 책을 선정하여 읽어 주고 대화를 나누는 방식을 활용하면 됩니다.

3감, 크게 뜬 눈과 쉴 새 없이 재잘거리는 입

#스스로 관찰할 시간을 주고 생생하게 설명하도록 도와주세요!

저는 아이를 어린이집에 등원시킬 때 일부러 동네를 한 바퀴 돌아서 등원시켰습니다. 걸어서 5분이면 도착할 수 있는 아파트 단지 내 어린이집을 보내면서 30분에서 길면 50분 정도의 긴 산책 시간을 가진 것입니다. 아침이나 낮에만 볼 수 있는 동물, 식물 친구들이 있기 때문입니다. "거미가 줄을 타고 올라갑니다~. 엄마! 이 거미는 몸에 노란 줄무늬가 있는 걸 보니 호랑거미인가 봐요! 거미줄에 다른 곤충이 걸려 있어요!"라고 아이가 말하면 옆에서 함께 관찰하고 호응해 주었습니다. 대화는 주거니 받거니, 옆에서 함께 관심을 갖고 호응만 잘해 줘도 이어지는 것이기 때문입니다.

아이가 말을 잘하게 하고 싶으면 먼저 아이의 말을 잘 들어 주어야 합니다. "아! 거미의 몸에 무늬가 화려한 것을 보니 호랑거미가 맞네! 호랑거미도 있고, 그럼 호랑나비도 있는 거야?"라고 대꾸하면 아이는 어느새 "네! 호랑나비도 무늬가 화려해요!"라고 대답합니다. 호랑나비까지 개념을 확장하고 호랑나비의 무늬를 설명하기 위해 '화려하다'라는 고급 어휘를 쓰게 되지요. 그리고 다음 날에는 "거미줄에 걸린 저 곤충은 너무 불쌍하다. 그렇지?" 하면 어느새 "네, 저 곤충은 이제 어떻게 해요? 정말 불쌍해요. 제가 구해 주고 싶어요."라고 대답합니다. 눈에 눈물이 그렁그렁 맺혀 있는 아이의 모습은 사실 세 살에서 여섯 살 정도까지만 볼 수 있는 소중한 추억이 됩니다.

#관찰→대화→책→노래→그림→말, 6단계

아이는 이 시기에 교육을 잘하면 공감을 잘할 수 있는 아이로 키울 수 있습니다. 공감은 보편적 감정을 갖고 상대방의 입장에서 이해하는 것입니다. 똑같은 경험을 해 보지 않았어도 가능하고, 생각과 상상으로 충분히 시뮬레이션해 보고 일어날 일을 예상할 수 있습니다. 이 능력이 아침 산책을 하며 나누는 대화 속에서도 키워집니다. 그리고 그 상황을 촬영하거나 사진을 찍어 둡니다. 나중에 아이가 집에 돌아왔을 때 거미와 관련된 자연관찰 책을 읽어 주면서 아침에 봤던 거미에 대한 이야기를 이어서 나눕니다. 그러면 아이는 거미에 대한 과학적 지식까지 자연스럽게 확장되어 책에 빨려들어 가듯이 집중합니다. 그리고 한국 동요, 영어 동요 중에 거미와 관련된 동요를 들려주고 따라 부르면서 즐기게 합니다. 거미와 거미줄을 스케치북에 그림으로 그려 봐도 좋습니다. 직접 관찰한 아이는 거미를 단순하게 그리지 않습니다. 호랑거미 몸의 무늬를 검은색, 노란색 한 줄씩 교차하면서 그릴 것입니다. 또 여덟 개의 가느다란 다리를 그릴 것이고, 거미줄에 걸려 있는 불쌍한 곤충을 그릴 것입니다. 이렇게 직접 관찰을 하고 대화를 나눈 아이는 훨씬 세밀하고 다양한 이야기들을 할 수 있습니다. 이것이 관찰의 힘입니다. 관찰→대화→책→노래→그림→말, 이렇게 6단계의 과정을 거쳐서 오감과 이성을 균형 있게 발달시킬 수 있습니다.

04
4감, 글을 쓰는 손과 책을 읽는 눈

#이제 기록으로 남길 차례, 아는 지식을 책에서 찾아볼 때가 되었어요

기록을 남기는 것은 아주 중요합니다. 이유는 간단합니다. 피드백을 할 수 있기 때문입니다. 가수가 공연을 앞두고 노래 연습을 하는 과정을 녹음하여 기록으로 남겨놓고 피드백을 하는 이유도 같은 이유일 것입니다. 보완해야 할 부분을 귀로 듣고 눈으로 보면서 확인하고 고쳐 나갑니다. 마음에 드는 곡은 공연을 하러 올라가기 직전까지 계속 들으면서 그 완성곡대로 하려고 노력합니다. 이렇게 동영상이나 사진, 녹음, 그림, 글을 이용해서 기록으로 남기는 것은 아이들에게도 아주 좋은 교육 방법입니다. 물론 부모에게도 좋은 교육 방법입니다. 아이와 대화하는 나의 모습을 보면서 피드백을 받고 자신의 모습을 보며 반성할 수 있는 시간을 가질 수 있기 때문입니다.

'내 목소리가 이랬었나?'

녹음이나 동영상을 찍어 본 분들이 가장 먼저 해 본 생각일 것입니다. 그리고 다음으로 '나는 이렇게 말을 잘 못 하면서 아이한테는 가르치려는 말투와 자세로 다가갔구나.' 하고 깨달을 수 있을 것입니다. 그럴 때마다 저는 반성의 시간을 가지면서 생각했습니다. '우리 아이는 내가 저 나이 때에 비하면 훨씬 잘해 주고 있다. 너무 잘 크고 있다. 내가 일곱 살 때는 저렇게 잘 크고 있지 못했다.'라고 말입니다. 아마 특별한 경우의 아이들을 제외하고는 대부분의 부모님이 제 말에 공감할 것입니다. 요즘 아이들을 교육 일선에서 가르쳐 보면 어쩜 이렇게 다재다능하고 똑똑하며 수준 높은 공부를 잘 배워 나가고 있는지 대단하다는 생각이 절로 듭니다.

#기록을 하려면 책을 많이 읽어야 가능하다

배경지식이 많아야 좋은 글을 써 내려갈 수 있습니다. 예를 들어 '친구란 무엇일까?', '멸종 위기에 처한 동물은 어떻게 해야 할까?' 등의 주제로 글쓰기를 하면 몇 줄을 못 채울 수도 있습니다. 말로 해도 몇 마디 못 이어갈 수 있습니다. 입을 열고, 손을 움직여서 표현해야만 내가 알고 있는 것이 어느 정도인지를 정확하게 확인할 수 있습니다. 그러면 글을 채우고, 말을 하기 위해 스스로 책을 찾아보거나 인터넷을 검색합니다. 뜻부터 다시 찾고 자신의 경험을 떠올리면서 자신의 지식을 조금씩 쌓아갑니다.

그래서 책 읽기는 중요합니다. 다독과 정독이 조화롭게 이루어져야 합니다. 특히 정독이 더 중요합니다. 정독할 때 문제를 바라보는 비판적 사고가 이루어지기 때문입니다. 그리고 자신의 개인적인 경험과 비교하여 성찰을 해 볼 수도 있습니다. 상상하고 공감하는 것은 책의 한 문장에 멈추어서 생각해 보고 느리게 인지하는 과정에서 제대로 형성 됩니다.

정보 과잉인 시대에는 그 수많은 정보들을 단순화하여 빠르게 처리 하고 선별하는 능력이 중요합니다. 이를 위해서는 정독을 통해 문장을 반복해서 읽어 보고 정확하게 이해해야 합니다. 핵심 단어만 찾아서 읽고 건너뛰면 수많은 정보 속에서 정말 중요한 정보가 무엇인지 찾 아낼 수 없기 때문입니다.

5감, 공부하는 손과 세상을 읽는 눈과 토론하는 입

#매일 공부하는 습관을 기르고 토론을 통해 논리적 사고력을 키워요

매일 매일 무언가를 꾸준히 하는 습관은 무서울 정도입니다. '가랑비에 옷 젖는 줄 모른다'는 속담과 '어느 시기가 되었더니 갑자기 확 수준이 높아져 있고 실력이 늘어 있더라'는 말을 실감한 경험이 있을 것입니다. 앞서 철학 수업도 단기간에 몰아서 하는 것보다 주 1회를 하더라도 장기간에 걸쳐 꾸준히 하는 방식을 추천해 드렸습니다. 이처럼 공부도 많은 양을 몰아서 했다가 안 했다가 하는 것보다는 꾸준히 조금씩 해 나가는 것이 훨씬 좋은 방법입니다. 주변에 보면 소위 엄마와 아이가 'feel'을 받았다고 표현하는데, feel을 받아서 연산 문제집 한 권을 하루에 다 풀고, 새로 산 전집을 일주일 만에 다 읽어 버렸다는 이야기를 종종 듣습니다. 그런데 그 다음 날에는요? 그 다음주에는 어떻게 하실 건가요? 빨리 다 해 버리고 또 한 달 정도를 아무것도 안

하고 시간을 보내는 것보다는 하루에 한두 페이지씩만 풀고 하루에 책 한 권만 읽더라도 매일 읽는 것이 중요합니다.

#토론의중요성

학교에서 이루어지는 대부분의 토론은 찬성과 반대를 나누어서 하는 대립 토론입니다. 논제도 교사가 제시하고 아이들은 주어진 논제에 따라 찬반으로 나누어 자신의 주장을 말하고 이유를 말하는 정도로 이루어집니다. 아이들이 자신의 생각으로 토론한다고 하지만 자유롭게 자신의 생각을 말하는 데에는 한계가 있습니다.

그러나 키즈 철학 교육에서는 다름을 인정하는 토의에 가까운 토론을 더 중요하게 생각합니다. 물론 찬반 토론도 논제를 파악하고 자신의 생각을 정확하게 정리하는 데에 좋은 효과가 있고 토론 형식을 배우는 데에도 도움이 됩니다. 그러나 대립 형식의 토론은 자신의 논리가 약해서 졌다는 느낌을 줍니다. 그리고 토론의 목적인 다른 사람의 의견을 이해하고 존중하고 공감하여 가장 좋은 해결책을 찾는 힘을 기를 수가 없습니다.

그러므로 대립 토론보다는 아이들의 자유로운 사고와 의견을 제시할 수 있는 비경쟁 토론을 하는 것이 좋습니다. 경쟁과 승패를 우선시하는 찬반 대립 토론이 아니라 비경쟁 토론을 통해 스스로 토론 주제를 정하고 비슷한 의견을 가진 친구들끼리 모둠을 만들어서 질문을 선정하고 이유와 근거를 들어서 의견을 나누는 활동을 해야 합니다.

1성, 논리적 사고를 하는 철학머리 공부법

#논리적 오류를 줄이고 과학적 근거를 대는 철학머리 공부법

철학의 완성은 논리적인 사람이 되는 것입니다. 철학의 시작이 질문과 대화였다면 철학의 완성은 논리적 사고를 하는 철학머리 공부법을 익히는 수준에 도달하는 것입니다.

논리가 인간에게 필요한 이유는 무엇일까요? 첫째, 삶에서 만나는 다양한 문제 상황에서 해결책을 찾기 위해서입니다. 둘째, 자기가 표현하고자 하는 의견을 상대방에게 잘 전달하기 위해서입니다. 논리적인 사람이 되기 위해서는 기준을 '자기'가 아닌 '타인'에게 두어야 합니다. 내가 이해를 하고 말했더라도 듣는 사람이 이해와 납득을 하지 못했다면 논리적으로 말하지 못한 것이기 때문입니다.

저희 남편은 아들에게 왜 그 장난감을 사고 싶은지 자신을 설득해 보라는 말을 자주 합니다. 그리고 "아빠와 협상하자.", "숙제를 하고 나서 어떤 보상을 원하는지 이야기해 보렴."이라는 말도 자주 합니다.

그러면 아이는 자연스럽게 아빠를 설득하기 위해 이유를 생각합니다. 그리고 아빠와 협상을 잘하기 위해 시나리오를 만드는 여러 가지 프로세스, 즉 생각하는 과정을 거치면서 점점 더 논리적인 이유와 근거를 대는 연습을 합니다.

논리를 말하기 위해서는 가장 먼저 논점을 파악해야 합니다. 논점은 이야기의 주제, 핵심입니다. 논리적 오류 중에 '논점 이탈의 오류'가 있습니다. 어떤 주제에 대해 이야기하고 있는지 정확하게 파악하지 못한 채 의견을 주장한다면 아예 대화 자체가 이어질 수 없습니다. 당연히 이유와 근거도 정확하게 찾을 수 없고 상대를 논리적으로 설득할 수도 없습니다. 논리적인 사람이 되기 위해서는 어휘의 뜻을 정확하게 알고 사용할 수 있어야 합니다. 먼저 사전적 정의를 정확하게 알아야 하고, 문맥상 어떤 의미로 사용되고 있는지 뜻을 정확하게 알면 설득력이 훨씬 높아집니다. 그래서 사전에서 정의를 찾아보는 습관이 아주 중요합니다.

철학의 완성이라고 할 수 있는 논리적 사고를 기르기 위해서 논점을 파악하는 연습과 정의를 정확하게 이해하고 암기하는 철학머리 공부법은 키즈 철학을 하는 고학년들이 주로 하는 수업입니다.

#과학적 근거의 중요성

과학적 근거가 중요한 이유는 실험을 통해 정확한 증명을 해 주기 때문입니다. 관찰과 실험을 통해 정확한 결과를 도출해 줌으로써 문제에 대한 가장 적절한 해결책을 찾을 수 있도록 도와줍니다. 그러므로 과학과 인문학의 융합은 엄청난 시너지 효과를 거둘 수 있습니다. 실제 현장에서 아이들과 키즈 철학 수업시간에 많이 읽는 책이 작가 '쥘 베른'의 고전 소설입니다. 쥘 베른 작가가 쓴 《해저 2만 리》를 보면 작가가 상상한 잠수함 노틸러스호(Nautilus)가 나옵니다. 이 잠수함은 실제로 잠수함이 개발되기 100년 전 작가의 상상력을 통해 만들어진 것입니다. 이 공상과학 소설을 통해 과학자들이 아이디어를 얻어 실제로 100년 후에 잠수함을 개발했습니다. 그리고 그 잠수함의 이름을 노틸러스호라고 지었습니다. 또 쥘 베른은 《지구에서 달까지》라는 과학 소설에서 우주선은커녕 비행기조차 발명되지 않았던 시절, 커다란 대포 알 속에 사람이 들어가 달로 향하는 상상을 했습니다. 이는 결국 우주선과 로켓 개발에 영향을 주었지요.

또 과학과 인문학은 동전의 양면이라고 표현할 수 있습니다. 왜냐하면 인문학적 통찰력을 가져야 강력한 과학적 수단을 통제할 수 있기 때문입니다. 마치 스티브 잡스가 인간이 편리하게 사용할 수 있고 좋아하는 것을 생각하다가 아이패드 같은 애플만의 IT 산업을 발전시킨 것처럼 인간에 대한 깊은 고민이 과학기술을 발전시켰습니다. 또한 과학기술의 발전이 가져올 도덕, 윤리적인 수많은 문제점들도 인간에 대한 이해가 있어야만 막을 수 있기 때문입니다.

2성, 통찰력으로 완성하는 철학머리 공부법

#문제 상황을 꿰뚫어 본질을 파악하는 통찰력은 필수!

통찰력이라는 말을 들어 본 적이 있습니까? 여러 가지 현상으로 나타나는 문제들이지만 하나의 본질적인 원인으로 생긴 문제인 경우가 많습니다. 문제는 삶을 살아갈 때 늘 부딪치는 상황입니다. 인간 관계에서 서로가 추구하는 이익이 다르기 때문에 갈등 상황은 생기기 마련이고 시대 변화에 따라 새롭게 해결해 가야 하는 문제들도 항상 생깁니다. 아이들이 수학 문제를 열심히 풀어 보면서 공부해야 하는 이유도 여기에 있습니다. 살아가면서 부딪칠 수많은 문제를 어떻게 해결할지 그 방법을 여러 가지 풀이 방법을 이용해 해결하면서 문제해결력을 키우는 것입니다.

통찰력은 현상을 꿰뚫어 이해하는 능력입니다. 눈에 보이는 현상들 아래에 있는 진실을 보는 눈을 가져야 합니다. 진실은 단순합니다. 그 단순한 진실이 현상으로 복잡하게 얽혀서 다양한 형태로 나타나는 것이 우리가 직면하는 현실의 여러 가지 문제 상황들입니다. 그래서 통찰력은 복잡한 현대 사회를 살아가는 데 필수적인 요소입니다. 그러나 통찰력은 하루아침에 생기기 않습니다. 오랜 경험이 쌓여서 조금씩 길러집니다. 사물을 세심하게 관찰하고, 다양한 상황을 경험하고 분석하는 능력이 쌓이면 향상됩니다.

어르신들 중에 학식이 깊지 않은데도 통찰력과 지혜가 뛰어난 분들이 계십니다. 오랜 삶의 경험을 통해 현상을 꿰뚫어 보는 통찰력이 생긴 것입니다. 그래서 아이들도 통찰력을 키우기 위해 많은 경험을 해야 합니다. 좋은 경험, 안 좋은 경험, 아픈 경험, 슬픈 경험 등 모든 경험이 통찰력과 분별력을 키워 주는 선생님이 될 것입니다.

통찰력은 다양한 경험을 통해 얻습니다. 그런 의미에서 저는 아이들이 떨어질 확률이 있는 각종 대회나 영재원 활동에도 최대한 나가 보기를 권합니다. 학부모님들 중에서는 아주 효율적으로 꼭 필요한 대회, 수상이 가능할 것 같은 확률과 조건을 계산하여 그것만 준비해 스펙을 쌓게 하기도 합니다. 물론 중고등학생이 되면 공부할 시간이 부족하기 때문에 선택과 집중이 필요합니다. 그러나 초등학교 때까지는 비교적 시간이 많기 때문에 실패도 경험해 볼 겸해서 각종 대회나 영재원 활동에 스스로 나갈 수 있도록 이끌기를 추천합니다.

#통찰의 중요성

'통찰'은 영어로 'Insight'라고 합니다. 본질을 꿰뚫어 보는 것을 뜻하지요. 일본 최고의 부자 중 한 사람인 사이토 히토리는《상위 1% 부자의 통찰력》이라는 책을 통해 통찰을 하지 않고 인생을 살다 보면 가난해진다고 했습니다. 그리고 중국 경영계에서 멘토 역할로 유명한 왕중추는 《디테일의 힘》이라는 책에서 통찰력은 하루아침에 길러지지 않으며 오랜 경험을 통해 조금씩 쌓이는 것이라고 했습니다. 디테일한 부분을 세심하게 관찰하는 일이 반복되고 쌓여야 통찰력이 단련되고 향상될 수 있습니다. 이것이 바로 디테일의 매력입니다.

세상을 지혜롭게 살아가기 위해서는 통찰이 꼭 필요합니다. 통찰은 크게 두 가지로 분류합니다. 나를 바라볼 수 있는 통찰과 세상을 바라보는 통찰입니다. 내 생각을 깊이 관찰하고 점검할 수 있는 눈을 갖는 것과 타인과 사회를 바라보는 눈을 갖는 것입니다. 이런 통찰력을 갖기 위해서는 일상생활에서 관찰을 잘하는 습관과 독서와 글쓰기를 통해서 핵심을 파악하는 연습이 필요합니다. 이렇게 관찰과 독서, 글쓰기는 통찰을 위해 꼭 필요한 세 요소입니다.

그러나 통찰력을 갖기 위해 하지 말아야 할 세 가지도 있습니다. 첫째, 선입견을 갖지 말아야 합니다. 선입견은 어떤 대상에 대하여 이미 마음속에 가지고 있는 고정적인 관념이나 관점을 말합니다. 이미 고정적인 생각을 해 버리면 다양한 시각이나 본질을 꿰뚫어 볼 수 없습니다. 둘째, 당연한 것을 당연하지 않게 보아야 합니다. 즉, 낯설게 하는 연습을 하는 것입니다. 이 말은 일상적으로 우리가 보고 듣고 느끼던 틀을 깨뜨려서 전혀 다르게 보는 것입니다. 왜냐하면 일상적으로 보던 사물을 보면 아무 느낌이 없습니다. 그런데 주위가 낯설어지면 여러 가지 생각이 많아질 수밖에 없습니다. '이것이 뭐지?', '어디에서 봤더라?', '어디에 쓰는 물건이지?', '어떻게 해야 할까?' 등 여러 생각이 듭니다. 이것이 바로 익숙한 것들을 낯설게 보는 연습입니다. 이렇게 하면 아직 깨닫지 못한 본질에 다가갈 수 있습니다. 셋째, 혼자만 머릿속으로 이해하면 안 됩니다. 글쓰기를 하고 다른 사람에게 설명해 주는 방법을 연습해야 합니다. 왜냐하면 다른 사람에게 설명하기 위해서는 핵심을 잘 전달해야 하기 때문에 머릿속으로 정리를 하게 됩니다. 특히 글쓰기를 해 본 후 말로 설명하면 복잡했던 머릿속 생각이 정리되어 본질을 파악하기가 훨씬 쉽습니다.

Chapter 6

★

키즈 철학
일타강사의
코칭법

01
철학하며 일기 쓰는 법

#가치개념을 활용해 깊이가 남다른 일기를 써요

철학일기는 일반적으로 쓰는 일기와 조금 다른 면이 있습니다. '친구란? 우정이란? 선의의 거짓말은 해도 될까? 사소한 것과 특별한 것, 나에게 김치란? 사과에 담긴 사과의 의미' 등 가치개념을 바탕으로 주제를 정하여 더 깊이 생각해 보는 일기입니다. 일반적으로 일기를 쓸 때 아침부터 저녁까지 있었던 일을 시간 순서대로 나열하는 방식을 쓴다면 철학일기는 그런 방식을 쓰지 않습니다.

철학하며 쓰는 일기는 하루 동안 경험한 일 중 한 가지 경험만 선택합니다. 그 경험을 통해 느낀 점과 깨달은 점을 생각해 봅니다. 예를 들어, 느낀 점이 '우정인지, 감사인지, 행복인지, 아픔인지, 양심인지' 등의 가치개념이나 중심단어를 생각합니다. 그리고 나서 오늘 친구와의 우정에 대해 느꼈다면 친구와 우정이 무엇인지 생각해 보고 그 주제에 대해 깊이 고민하고 써 내려 갑니다.

제목: 지렁이한테 음식물을 주면 좋아요

"식당 사장님! 좋은 생각이 있어요. 반찬을 조금씩만 차리고 적은 사람은, 이봐요 사장님! 더 주세요! 라고 외치면 어떨까요?"

왜냐하면 남은 음식을 버리면 땅이 오염되거든요. 그래서 저는 음식물 쓰레기를 버릴 때는 지렁이한테 주면 좋겠어요. 지렁이는 음식물 쓰레기를 먹는 걸 엄청 좋아하거든요. 깨끗한 흙이 돼요. 음식을 남기지 않으면 자연이 오염되지 않고 정리도 편하게 할 수 있어요. 다 먹은 사람들은 칭찬받고 자연한테 선물도 받아요. 우리한테 꿀도 주고 개나리도 피워 주고 도마뱀도 보여 줘요.

- <제15회 음식문화개선 및 친절손님맞이 글짓기 대회 대상>_다섯 살 박태양

누나들이 하는 귓속말도 들려

그리고 내 눈은 미생물도 볼 수 있어

흐흐흐흐흐흐흥!

누나들의 엄마들이 아시면 엄청난 일이 벌어질걸?

동생을 얕보면 큰코다칠걸? 미생물 친구들이 공격할걸?

- 발레 학원에서 누나들이 여섯 살 남자인 태양이를 따돌린 날 쓴 일기

친구는 쌍쌍바 하나를 쪼개서 나눠 주는 사람이다. 왜냐하면 두 배로 맛있어지기 때문이다. 친구는 한 명만 있더라도 이런 우정이 있어야 한다.

- 친구란? 친구 박서윤과 함께 친구에 대해 대화를 나눈 후 쓴 일기

일기쓰기가 글쓰기와 독해에도 영향을 끼친다

일기쓰기는 글쓰기의 기본을 배울 수 있는 아주 좋은 훈련입니다. 문장을 완성하기 위해 먼저 기본 단어를 익혀야 하기 때문입니다. 그리고 다른 어려운 단어까지 활용하여 하루에 있었던 일이나 느낌을 표현해야 합니다. 그러면 확장 단어까지 학습하게 됩니다. 또 자신의 생각을 정리하고 논리력과 추론력을 기르게 도와줍니다.

이것은 결국 다른 주제나 형식의 글쓰기에도 긍정적인 영향을 줍니다. 또 긴 지문의 글을 독해할 때에도 도움을 줍니다. 자신이 어떤 형식으로 글을 썼는지 파악하고 기본 단어와 확장 단어의 뜻과 문맥상의 의미를 추론하다 보면 독해력이 좋아지기 때문입니다.

철학일기를 그림으로 표현하는 법

#글자를 몰라도, 말을 잘 못 해도, 그림으로 마음을 표현할 수 있어요

어렸을 때에는 그림만큼 자신의 생각을 잘 표현해 주는 도구가 없습니다. 글을 쓰지 못하는 아이들도 그림을 통해 얼마든지 자신의 생각이나 마음을 표현할 수 있습니다. 그리고 그림으로 표현할 때 손가락에 물감을 묻힐 수도 있고 스펀지로 찍을 수도 있으며 과일이나 채소로 붓을 대신할 수도 있습니다. 이처럼 표현의 도구에 제한을 받지 않고 얼마든지 다양한 도구를 자유롭게 사용할 수 있다는 것도 미술의 장점입니다.

#스파게티 뽀뽀라는 제목의 그림과 다양한 주제의 그림으로 자신을 표현하다!

아빠가 스파게티를 만들었어요. 엄마는 식탁에 예쁘게 차렸어요. 그래서 저는 맛있게 먹었어요. 먹다가 똑같은 스파게티면을 먹어 버려서 스파게티 뽀뽀를 하게 되었어요. 여러분도 스파게티 뽀뽀를 해 보세요.

●<샘표 어린이 그림 대회 샘표상 수상> _ 여섯 살 박태양

#그림일기를 쉽게 그리는 방법

어린아이들은 한글도 잘 모를뿐더러 글을 길게 쓰는 것은 어려운 일입니다. 그래서 그림을 통해 자신의 생각과 느낌을 자유롭게 표현하고 간단하게 설명하는 그림일기로 일기를 시작하는 것이 좋습니다.

첫째, 강조하고 싶은 사건이나 주제를 선택해 크게 그립니다. 둘째, 여러 가지 색깔이나 미술 도구를 이용해 색칠하고 표현합니다. 셋째, 시간 순서대로가 아니라 오늘 제일 하고 싶은 주제로 이야기를 씁니다.

철학일기를 노래로 표현하는 법

#노래는내삶에기쁨을주고위로가돼요

친구도, 가족도 없이 혼자라고 느껴질 때 노래를 부르면 노래가 나의 친구가 되어 주고 가족도 되어 줍니다. 나를 위한 노래를 부르면서 슬펐던 마음을 오히려 더 슬프게 하여 엉엉 소리 내어 울고 나면 그 슬픔이 사라지고 시원해지기도 합니다. 또 행복하고 기쁠 때 콧노래를 흥얼거리거나 기쁜 순간을 노랫말로 만들어 부르면 행복한 순간을 더욱 오랫동안 기억할 수 있습니다. 이처럼 노래는 내 삶에 기쁨이 되고 위로가 되어 주는 마법 같은 힘이 있습니다.

순돌아 나는 니가 정말 좋아

순돌아 나는 니가 정말 좋~아

순돌아 나는 니가 정말 좋~~아

순돌아 순돌아 가지마 가지마 사랑해 사랑해 사랑해.

● 태양이가 친할머니 댁에서 키우는 반려견 순돌이를 위해 지은 노랫말

불쌍한 순자 다가와

우리의 가족이 되었네

아빠 엄마 태양이 옆에 누워서 사진을 찍었네 찰칵.

● 섬이 정원에 놀러 갔을 때, 사람의 정에 고픈 강아지가 자꾸 우리 가족을 따라다니자
집에 오는 길에 그 강아지를 데리고 같이 가고 싶다며 울면서 차 안에서 지은 노랫말

뜻밖에 내리던 흰눈처럼

뜻밖에 내려온 아기 천사

뜻밖에 내리던 흰눈처럼

뜻밖에 내려온 하다인

하다인아 너는 꼭 천사도 되고

우리 가족들의 천국에서 영원토록 잘 지내자

하다인아 너는 꼭 여왕도 되렴

우리 가족들의 겨울왕국에서 영원토록 잘 지내자

오빠는 태양이 되어 줄게

언제나 곁에서 지켜 줄게

따뜻한 햇님이 되어 줄게

잘 자라렴 다인아 생일 축하해.

● 첫 사촌동생 다인이의 돌을 축하하면서 지은 노랫말

보들아 나 키 크기 싫어

키가 커서 너를 못 덮으면 어떡해

보들아 나 키 크기 싫어

너와 헤어지기 싫어

넌 나를 아기 때부터 덮어 주었고

넌 언제나 나를 감싸 주었지

보들아 이제 내가 널 지켜 줄게

나 키 크기 싫어.

● 애착이불 보들이와 헤어지기 싫어서 쓴 노랫말

장수야 미안해 잘 자렴

장수야 미안해 잘 자렴

나는 오늘 교회에서 기도했어

영원히 좋은 친구로 남자 장수야

장수 장수 너는 내 친구야

장수풍뎅이 중에서 가장 멋진 장수야

장수 장수 너는 좋은 친구야

우리 아기들의 멋진 아빠야

장수야 미안해 잘 자렴

장수야 미안해 잘 자렴

나는 오늘 교회에서 기도했어

영원히 좋은 친구로 남자 장수야.

● 처음으로 마트에서 산 장수풍뎅이 수컷이 하늘나라에 간 날 지은 노랫말

암쿠나 미안해

너를 지켜 주고 싶은데

너를 돌볼 사람이 없어서

너를 떠나 보낸 것 같아

너를 생각해 줄게 맨날

너를 기억해 줄게 맨날

그리고 암쿠나 미안해

우리 하늘에서 만나자

암쿠나 미안해.

● 장수풍뎅이 수컷 장수를 사고 나서 외로울까 봐 한 마리 더 산 암컷 암쿠니가 알을 일곱 개 낳고 하늘나라에 간 날 지은 노랫말

음악 교육, 노래 부르기의 효과

"어떻게 작사를 하고 어떻게 작곡을 하나요? 너무 어려운 것 아닌가요?"

아닙니다. 노래를 만드는 것은 아주 단순합니다. 완성도 있게 만들어서 그 노래로 많은 사람들에게 사랑받고, 이윤을 창출하려는 목적이라면 어려울 것입니다. 하지만 자기만의 노래를 자유롭게 만드는 과정은 절대 어렵지 않습니다.

자신이 하고 싶은 이야기를 쓰고 그 이야기에 멜로디를 붙이면 됩니다. 피아노나 악기를 배우지 않아도 아이들은 모두 노래를 마치 본능처럼 만들어 부를 능력이 있습니다. 그러므로 어린아이들 누구나 노

래를 만들 수 있다는 생각을 갖고 함께 노래 만드는 활동을 하면 교육 효과도 아주 좋습니다.

04
요리에 나만의 철학을 담아 만드는 법

#부모와 아이가 함께 요리하면 좋은 이유

부모가 아이에게 주는 요리의 힘은 특별합니다. 부모님이 만들어 준 음식으로 감사와 따뜻한 사랑을 느낀 경험이 있을 것입니다. 요리는 가족과 주변 사람들을 즐겁게 만들어 줍니다. 언제나 맛있을 필요도 없습니다. 요리를 통해 느꼈던 기쁨을 기억하면서 요리하고 다른 사람들과 함께 나누는 것, 그 자체로 행복해집니다.

음식을 준비하는 과정, 음식을 먹는 과정, 음식을 정리하는 과정, 이 세 단계를 잘 준비하고 즐기는 것이 중요합니다. 이 과정을 통해 진정한 의미를 느끼고 변화를 얻을 수 있습니다.

조개가 메롱 하고 놀리고 있어요

꽃게가 왼쪽으로 걸어간다고 놀려요

서윤이가 갯벌에 빠진다고 놀려요

그런데 메롱~ 하는 조개의 혓바닥이 사실 발이래요

발냄새.

● 친구 박서윤과 요리 재료인 조개와 꽃게를 소재로 지은 동시

자연을 관찰하며 세상을 철학하는 법

#자연은 우리의 가장 큰 선생님

자연은 우리의 가장 큰 학습의 장이자 상상력과 호기심을 불러일으키는 원천입니다. 모든 것을 자연에서 배웠다고 해도 과언이 아닐 정도로 철학교육에서 모든 영감을 얻게 해 준 것은 자연이었습니다. 풀과 꽃, 하늘의 변화, 계절의 변화, 바람의 차가움이 얼굴에 닿았던 날 새로움을 느끼게 해 주었습니다. 그리고 '바람은 왜 불까?', '왜 하늘은 파란색일까?', '노을이 질 때 하늘은 왜 붉은색과 보라색으로 물들까?' 등 과학적 호기심도 불러일으킵니다. 자연은 우리의 모든 지적 호기심과 경이로움, 우리의 삶을 비춰 보고 삶의 의미에 대해 다시 생각하게 하는 등 많은 것들을 도와주었습니다.

아이들도 자연을 관찰하고 자연에서 뛰어놀면서 이 모든 활동이 가능합니다. 아이들은 더 많이 경이로움을 느끼고 감탄합니다. 어른들보다 더 작은 곤충과 더 작은 새싹들을 발견할 눈이 있습니다. 더 작은 변화와 움직임에도 반응하고 예민하게 받아들입니다. "하늘의 구름이 익룡 같아요.", "저 구름은 양들이 줄지어 따라오는 것 같아요." 그러다가 "구름은 어떻게 만들어졌어요?", "구름은 먹어도 돼요?" 등 과학적 호기심으로 확장됩니다.

제목: 바다에 가다가 자빠졌네

바다에 가다가 자빠졌네
굴러가다가 꽃게한테 물렸네
꽃게한테 머리카락 잘려 대머리됐네

돌멩이에 머리 박아 혹 났네
돌멩이도 고동 혹이 났네

조개에 볼이 물려
"아야 아야"
엄마와 할아버지 뼈도
"아야 아야"

● 진동 앞바다에 내려가다가 돌이 미끄러워서 미끄러진 할아버지를 보고 집에 돌아와서 지은 동시

06
반성일기를 쓰며 철학하는 법

#잘못한 일이 있을 때는 반성문이나 반성편지를 써서 용서를 구해요

저는 어렸을 때부터 잘못한 일이 있으면 아빠가 반성문을 쓰게 했습니다. 초등학교 고학년이 되어서부터는 얼마나 반항하는 마음이 컸던지 동생은 바로 잘못을 인정하고 반성문을 빨리 쓴 후 다같이 저녁식사를 했는데 저는 반성문 종이를 하얗게 비워 두고 저녁 먹기도 거부하면서 부모님의 마음을 아프게 했습니다. 시간이 지나고 보니 회초리로 발바닥을 맞으면서 혼났던 일보다 반성문을 쓰기 위해 보냈던 한두 시간이 훨씬 선명하게 기억에 남아 있습니다. 회초리를 맞으면서 혼나는 것은 길면 10분~20분 안에 끝나는 것이기 때문입니다. 맞고 아프니 울고 원망했다가 다시 잘못을 인정하는 것까지 해야 끝이 납니다. 물론 혼나고 나면 '이 행동은 절대 하면 안 되는 행동이구나!' 정신이 번쩍 드는 효과도 있습니다. 그래서 때로는 강하게 혼나는 훈육 방법도 필요하다고 생각합니다. 그러나 주된 훈육은 반성문을 쓰게 하는 것이 훨씬 효과적입니다. 어린아이에게 이것이 가능할까 생각했는데, 저는 저희 아이를 키울 때 나이를 고려하되 나이로 한계를 지정하여 교육하지 않았습니다. 반성문은 뭔가 어려워 보이지만 반성일기는 충분히 쓸 수 있고 반성 그림일기도 충분히 쓸 수 있습니다. 잘못한 상대에게 반성하는 마음과 용서를 비는 내용을 말로 불러 주면 엄마가 대신 편지를 써 주는 방식으로도 사용할 수 있습니다. 그래서 저는 꼭 잘못을 한 상대에게 용서를 빌도록 하거나 편지를 써서 용서를 구하도록 가르쳤습니다.

그리고 아이가 왜 잘못된 행동을 했는지 아이의 말을 들어 줘야 합니다. 그런 다음, 아이의 잘못한 행동을 요약해서 다시 한 번 아이에게 인지시켜 줍니다. 아이의 변명일지라도 부모가 자신의 말을 듣고 이해해 주는 마음을 느끼는 것만으로도 아이는 자신이 존중받고 있다고 생각합니다. 아이의 변명을 들어 준다고 해서 잘못하지 않았다는 게 아닙니다. 부모의 사랑 안에서 반성할 기회를 주면 스스로 자신의 행동을 돌아봅니다. 그러면 행동을 할 때마다 혹여 잘못된 행동을 선택하면 생길 나쁜 결과를 시뮬레이션하면서 신중하게 행동합니다.

#반성문을 쓰는 올바른 방법

첫째, 사실 관계에 집착하지 않습니다. 반성문은 자신의 잘못된 행동에 대한 반성과 고칠 점에 대해 써야 합니다. 그런데 너무 많은 변명과 핑계, 사실 관계만 나열하면 그것은 반성문이 아니라 협상문이 됩니다.

둘째, 글쓰기 형식에 얽매이지 않습니다. 반성문은 글쓰기 형식이 따로 정해져 있지 않습니다. 지극히 사적인 글쓰기로서 일기나 편지처럼 쓰면 됩니다. 친구나 가족, 선생님에게 잘못했을 때 그 미안한 마음을 전달하려는 편지 같은 것이라고 생각하면 됩니다. 그래서 진심을 담아 쓰는 게 중요합니다.

셋째, 진짜 잘못한 게 없거나 억울하거나 잘못이라 생각하지 않는다면 쓰지 않습니다. 쓰는 사람도 진심이 아니고 읽는 사람도 공감하지 못하는 글이라면 의미가 없습니다.

#편지쓰기의 힘

가족이나 친구들의 생일, 졸업식, 입학식 등의 행사가 있을 때 편지를 쓰면 더 의미 있고 마음도 잘 표현할 수 있습니다. 특히 편지는 문자나 말로 전하는 것보다 훨씬 더 감동과 울림을 줍니다. 글을 쓰기 위해 적어도 두 번, 세 번은 더 고민하며 문장을 떠올리고, 고치는 작업을 거치기 때문입니다. 따라서 편지의 힘은 문자나 말보다 훨씬 큰 감동과 메시지를 전달합니다.

제목: 가족과 도시를 지키는 영웅, 태양 가족

태양이 할머니는 슈퍼 할머니

엄청 빠르게 집을 정리하고 문제를 해결해

태양이 할아버지는 포클레인 전사

장난감이나 집이 고장이 났을 때 고쳐 주죠 따르릉

태양이 아빠는 허얼크

평소엔 척척박사님이다가 화가 나면 헐크로 변해 버려 조심해

태양이 엄마는 공주님

What? 엄마는 태양이 나라의 공주야

왓? 내 눈에는 다 보여 내 눈에만 공주로 보이나?

이모할머니는 천사

내가 하고 싶은 대로 다 해 줘

폰도 보여 주고 장난감도 순식간에 사주고 또 순식간에 뜯어 주고

이모할아버지는 도시를 지켜 주는 강철로봇

키도 크고 튼튼하고 악당을 펀치로 날려 버려

다인이는 하늘의 요정 그건 바로 귀여우니까

외삼촌은 다인이를 지켜 주는 신하

그건 다인이가 넘어졌을 때

삼촌이 완전 꽉 잡고 다시 세우고 머리 쓰다듬고 호 해 줬잖아

외숙모는 우리가 아플 때 치료해 주는 의사

원래 숙모는 간호사였으니까 근데 우리 집에서는 의사야

마지막으로 나는 우리 집의 태양

왜 내가 태양이냐고 왜왜 내가 빛내 주잖아 모든 가족을.

• 10월 14일, 생신이 똑같은 날인 외할머니와 이모할머니를 위해 쓴 동시 같은 편지

번역기와 함께 영어로 일기를 쓰면서 철학하는 법

#영어로 일기쓰기를 두려워하지 마세요

영어로 일기를 쓰는 방법도 아주 쉽습니다. 스마트폰이나 컴퓨터를 이용해서 번역기를 켜 놓은 다음 아이가 아는 동화책으로 익히거나 영어 동요를 통해 익힌 영어 문장을 조금씩 변형시켜 써 나가는 것입니다. 어렵게 생각하면 도전할 수 없습니다. 틀리면 고치면서 도전하는 것만이 어제보다 더 발전된 오늘의 나를 만날 수 있습니다.

I talked to mom and dad. Yesterday.

Because I did something wrong.

I didn't study hard in class Dad says.

It is important to do your best I prayed for GOD and reflected.

● 학습지 수업 시간에 열심히 공부하지 않아서 아빠와 엄마한테 혼난 다음 날 쓴 영어 일기

2021 전국어린이 영어노래·구연동화·말하기대회장 귀하

원고 및 노래제목	My nickname is Dr. insect
원고내용 및 노래가사	Hello everyone! My name is Tony. I'm 6 years old. Do you like insects? I like insects. So my nickname is Dr. insect. I played with insects like Butterflies, Crickets, Grasshoppers, and Dragonflies. I always let insects go after watching it. Because life is important. Also, I have two Horn Beetles. It laid seven eggs! Now the eggs become seven larvas. And I'm waiting for it to become pupa. If you want to watch insects more, we should save the nature. Then, Butterflies and Horn Beetles will fly again.

● 곤충을 관찰한 후 집에서 직접 장수풍뎅이를 키우면서 쓴 철학일기를 바탕으로 먼저 한글로 '내 별명은 곤충박사' 대본을 쓴 후 영어로 번역해 영어 말하기 대회에서 대상을 받은 대본

독서 후 독서일기를 쓰면서 철학하는 법

#독서와 철학은 최고의 파트너

독서 후에노 일기나 자유로운 글쓰기로 기록을 남기면 훨씬 좋습니다. 아이가 느낀 점을 말해 주면 부모가 아이의 생각을 그대로 기록으로 남기면 됩니다. 아직 글을 잘 쓰지 못하는 아이들에게 글을 쓰라고 하다 보면 떠오르는 상상력과 느낀 점을 마음껏 표현하지 못할 수도 있으니 부모가 대신 기록하는 것입니다.

제목: 거미줄에 묶인 마음을 푼 고슴도치

마음은 눈에 안 보여요. 그래서 고슴도치는 마음의 소리를 듣지 못했어요. 고슴도치는 처음부터 블랙베리를 따 먹고 싶었어요. 그런데 자꾸 까마귀, 여우, 부엉이, 족제비의 소리만 들렸죠. '이래라 저래라, 저래라 이래라'

하는 동물들의 잔소리 때문에 이랬다가 저랬다가 하는 바람에 머리가 터지는 줄 알았죠. 당연히 자기 마음의 소리를 들을 수 없었어요. 그런데 청둥오리는 달랐어요. 고슴도치에게 칭찬을 해 주고 블랙베리를 같이 먹었죠. 칭찬은 좋아요. 칭찬은 초코 아이스크림 같아요. 달콤하니까요. 칭찬을 듣고 기분이 좋아진 고슴도치는 용기가 생겼어요. 그래서 자기 마음속의 이야기를 들었어요.

"나 이거 먹을 건데, 너도 같이 먹을래?"

나도 이제 내 마음의 소리를 들어 줄 거예요. 이때까지 묶여 있었어요. 마음이. 엄마가 이래라 저래라 하고 아빠가 혼내면 무서워서 마음대로 못 했어요. 또 친구들이 놀릴까 봐 걱정이 되었어요. 거미줄에 묶인 내 마음을 풀어 줄 거예요. 고슴도치를 보고 용기를 얻었어요.

● 《마음 약한 고슴도치》라는 동화책을 읽고 느낀 점을 불러 주면 대신 받아서 쓴 독후감

제목: 나는 이제 즐거워!

내 소원은 유리병이 즐거웠으면 좋겠다는 거야. 나는 유리병이 사라지지 않았으면 좋겠어. 왜? 사라지는 건 너무 슬퍼. 영원히 함께 있는 게 좋거든. 할머니도, 할아버지도, 엄마도, 아빠도, 순돌이도, 닥순이도.

그런데 왜 유리병은 사라지고 싶을까? 자기 때문에 죽는 동물들이 많아서? 자기 때문에 다치는 사람들이 많아서? 걱정이 되어서지.

유리병아! 내가 널 유리병 로봇으로 만들어 줄게. 고물과 쓰레기를 모아서 다시 멋진 유리병 로봇으로 만들어 줄 거야. 그러면 넌 유리병 음악을 연주하는 거야.

"호오~팅. 팅. 탕탕. 통통."

"통탕, 팅탱. 퉁탱팅탱통 티앵통 태탱탕 토롱 통통통토롱 토토로롱롱 호호~."

"태양아 고마워. 그럼 나 이젠 사라지지 않을게. 난 이제 소원이 바뀌었어. 세상에서 가장 연주를 잘하는 유리병 로봇이 될 거야. 나는 이제 즐거워."

- 《소원》이라는 동화책을 읽고 느낀 점을 불러 주면 대신 받아서 쓴 독후감

Memo

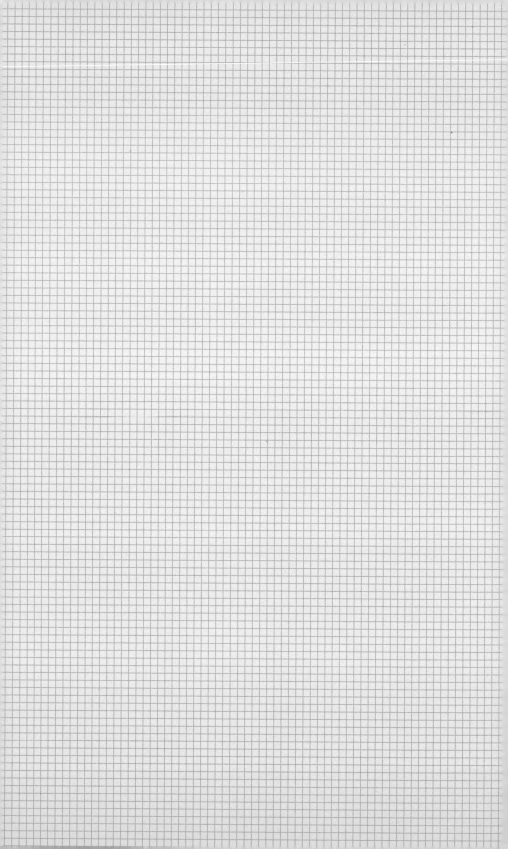

Chapter 7

세계로 뻗어 가는
상위 1% 아이들

#가정, 사회, 세계로 점점 나아가 더불어 사는 삶

요즘 가장 주목받는 역사학자가 바로 유발 하라리입니다. 그는 호모 사피엔스의 지구 지배력 강화 과정으로 역사를 풀어냈습니다. 인지혁명을 시작으로 농업혁명, 과학혁명을 거치며 지구의 지배력을 강화했다고 말했습니다.

또 다른 역사를 보는 관점으로는 리처드 볼드윈 스위스 제네바 국제 경제대학원 교수가 있습니다. 인류의 역사를 세계화의 과정으로 바라보는 경제학자인 볼드윈은 《그레이트 컨버전스》에서 세계화를 생산과 소비가 일어나는 공간의 변화라는 시각으로 설명했습니다. 그는 구석기 시대, 즉 수렵과 채집을 하면서 살 때만 해도 세계화는 없었다고 말합니다. 생산과 소비가 모두 한 곳에서 일어났기 때문입니다. 볼드윈은 최초의 세계화 촉발이 7만 년 전 일어난 대규모 화산폭발에 따른 기후변화 때문이라고 보았습니다. 화산폭발로 구름이 하늘을 뒤덮어 기온이 뚝 떨어졌다고 하죠. 지구 생태계에 위기가 닥치자 호모 사피엔스는 식량을 찾아 아프리카로 탈출했다고 봅니다. 다른 무리는 각각 북쪽 유럽, 아시아, 남쪽으로 갔고요. 이를 세계화 1.0이라고 합니다. 세계화 2.0을 거쳐 세계화 3.0에 증기기관이 발명되면서 교통수단이 발전, 먼 곳까지 쉽고 빠르며 싸게 물건을 운송할 수 있게 되었습니다. 운송비용이 싸지면서 무역이 활발해졌고 생산과 소비 지역이 분리되기 시작했습니다. 지역경제의 세계화가 이뤄진 것입니다.

이후 세계화 4.0을 거쳐 마침내 모든 것을 디지털화하는 4차 산업혁명 시대가 시작되었습니다. 앞으로는 노동과 노동 서비스의 분리도 이루어질 것으로 봤습니다. 몸을 움직이지 않고도 전세계 어느 곳의 일도 처리할 수 있게 됩니다. '가상 세계화'도 가능해졌습니다. 마지막 장벽이라고 할 수 있는 언어장벽도 인공지능 번역기로 인해 점차 허물어지고 있습니다. 그렇다면 이렇게 빠르게 진행될 4차 산업혁명 시대의 세계화를 앞두고 우리는 어떤 자세로 이 상황을 적응해 나가야 할까요?

바로 책 속에, 생각 속에 갇힌 사람이 되면 안 됩니다. 책 속의 철학, 생각 속에 갇힌 철학을 하는 사람이 되면 마치 고정관념에 갇힌 사람처럼 크고 넓은 세상을 볼 수 없습니다. 가정과 사회, 나아가 세계를 무대로 삼고 자유롭게 활동하는 사람으로 살아가야 합니다. 처음에는 어렵기도 하고 잘할 수 없겠지만 가정과 사회에서 철학적 문제 해결 방법을 적용하면서 사는 것이 중요합니다.

이것은 영어공부를 할 때에도 적용할 수 있는데, 영어책 속에만 갇힌 영어공부를 하면 안 됩니다. 우리나라 학생들은 매일 많은 시간을 투자해 영어를 배우고 있는데 실제로 생활 속에서 영어원서를 읽어야 할 때나 외국인을 만났을 때는 회화가 더 필요합니다. 실생활에서 활용하고 세계를 무대로 활동하는 사람이 되기 위해서는 다양한 세계의 사람들과 함께 더불어 친구가 되는 노력을 해야 합니다. 핼로윈 코스튬 파티, 크리스마스 파티, 포트럭 파티, 파자마 파티를 하는 것도 좋습니다. 외국인이든, 주변 친구와 이웃, 친척이든 많은 사람들과의 만남을 통해서 배우고 행복을 느끼고 기쁨과 슬픔을 함께 나누는 시간을 가져 보면 삶이 더욱 풍성하고 아름다워집니다. 나아가 이런 특별한 파티를 하지 않더라도 나와 다른 가치관이나 생각을 가진 사람이나 다양한 나이대의 사람들을 만나는 것입니다. 물론 나와 다른 사람들을 만나는 데에는 불편함이 따르기도 합니다. 그러나 조금의 불편함을 감수하고서라도 만나서 새로운 자극을 받고 배우는 자세가 필요합니다. 자신의 경험과 생각에만 갇힌 사람이 되면 안 됩니다.

저는 최근 고등학교 논리학 강의를 나가면서 친해진 선생님 부부가 있습니다. 때마침 이웃사촌인 것을 알게 되어 더욱 친해졌고 집에 초대를 해서 대화의 시간도 가졌습니다. 고려대학교에서 지리 교육을 전공한 김종희 선생님께 어떻게 명문대에 들어가셨고, 지금 고3 학생들의 입시를 어떻게 지도하고 계시는지 물었습니다. 제 질문에 선생님은 우문현답을 해 주셨고 저는 충격을 받았습니다. "저는 그 해에 수능시험을 잘 봤을 뿐, 그 이상도 이하도 아닙니다. 정답을 잘 고르는 능력과 정말 공부를 잘하고 열심히 하는 능력은 다릅니다. 능력과 재능이 뛰어난 학생들이 많습니다. 수도권에 사는 학생들만 공부를 잘하는 게 아니라 지방에 있는 학생들도 똑똑하고 열심히 하는 학생들이 많은데 입시에서 발휘가 잘 되지 않는 것 같아 안타까운 부분이 있습니다."라고 말씀하셨습니다. 자신의 능력을 자랑하거나 자만하지 않고 겸손하고 정확하게 대답해 주시는 선생님을 보면서 저도 아이들을 가르치는 사람으로서 많이 배우고 성장하는 시간이 되었습니다.

사람들과의 만남과 대화를 통한 간접 경험도 해 보지 않고 늘 자신의 경험 틀 안에만 갇혀 판단하면 오류를 범할 가능성이 높습니다. 그 결과 상대방에게 편견을 갖거나 차별을 하는 문제가 발생할 수 있습니다. 더불어 사는 삶을 통해 늘 자신을 반성하고 사유하는 시간을 갖는 것이 삶에서 실천할 수 있는 철학입니다.

#세계의 다양한 문화를 접하면 좋은 점

세계의 다양한 문화를 접하고 새로운 문화를 경험하면 그 안에서 진정한 나를 발견할 수 있고 내가 살아있음도 느낄 수 있습니다. 새로운 삶의 재미와 즐거움을 발견할 수 있습니다. 즐겁고 행복한 나의 모습을 찾을 수 있습니다. 현재 내가 느끼는 것과 전혀 다른 문화 속에서 느끼는 자유로움은 새로운 세계로 이끌어 줍니다. 새로운 세계에서 또 다른 나를 발견하게 됩니다. 내가 좋아하는 것, 내가 하고 싶어 하는 것이 무엇인지 깨달을 시간도 줍니다. 새로운 세계, 새로운 문화, 새로운 사람들을 만나면서 자기의 삶도 새로워집니다. 세계 여러 나라의 문화를 체험하고 다양한 사람들과 만나 이야기를 하면서 생각을 교환하는 것은 신나는 일입니다. 긴장감으로 경직되어 살던 삶에서 자유분방한 자신의 모습을 되찾게 됩니다. 다양한 문화권의 사람들과 소통하면서 행복감을 만끽할 수 있습니다. 세계의 다양한 문화를 접하면 자신에 대해 새로운 눈을 뜨게 됩니다.

자연스럽게 그 나라의 언어, 특히 영어를 익히고 싶어집니다. 외국인 친구와 대화하기 위한 동기가 영어 학습을 열심히 하도록 만들어 줍니다. 의사소통을 위해서는 영어 회화 능력이 필수이기 때문입니다. 또 그 나라의 역사와 문화, 예술에 대한 책을 찾아보게 됩니다. 세계 여러 나라의 역사, 문화, 인물, 건축물, 예술품에 대한 풍부한 상식과 지식을 쌓게 됩니다. 책을 통해 습득한 지식과 외국인 친구와의 직접적인 만남과 대화, 음식을 함께 나누면서 살아있는 지식으로 거듭납니다. 이렇게 하면서 세상을 보는 시각도 넓힐 수 있습니다. 세계의 다양한 문화와 그 속에서 살아가는 다양한 사람들의 모습도 배울 수 있습니다. 내가 알고 있는 세계의 경계가 넓어지는 듯합니다.

이처럼 세계의 다양한 문화를 경험하는 것은 세상과 사람을 보는 시야를 넓혀 줍니다. 매일 반복되는 일상에서 벗어나 전혀 새로운 문화 환경에 나를 던져 놓는 것이기 때문입니다. 그런데 이 과정에서 새로운 사람들을 만나고 느끼면서 자신의 모습을 통찰하고 성장합니다. 자신이 가졌던 특정한 문화에 대한 오해와 편견이 깨지는 경험도 합니다. 편견의 파괴를 통해 사고와 인식이 넓어지고 변화합니다.

02
꼬마 철학자들의 외국인 친구들

#외국인 친구들을 통해 배우는 그들의 철학과 Life Style

인간은 외부에서 늘 자극을 받으며 무언가를 보고 듣고 배우는데, 외국인 친구들을 통해 외국 문화를 보고 배우는 것은 가치관의 전환과 생각의 폭을 넓혀 줍니다. 낯설고 새로운 경험은 새로운 사고의 시작이 됩니다. 마치 잔잔한 강물에 돌을 던져 파장을 일으키듯 잔잔한 일상에 새로운 변화를 주는 것과 비슷합니다.

외국인 친구 사귀기를 두려워하지 마세요

저는 외국인 친구들이 많습니다. 우연히 요가학원에서 친구를 사귀게 되었는데, 그분의 남편 벤이 대학교 국제학부에서 강의를 하고 계시는 영국 분이었습니다. 영국인과 결혼한 경옥 씨를 친구로 사귀게 되었고, 곧

Ben's Family와 친해졌습니다. 벤의 가족이 영국에서 자주 먹었던 로스트 치킨을 같이 해 먹고 싶다면서 우리 집에서 직접 요리를 해 주었습니다. 벌써 5년 전의 일인데 그때의 그 치킨의 맛을 잊을 수가 없습니다. 겉은 바삭한 닭껍질이고 안은 부드러운 살코기였습니다. 그리고 경옥 씨가 브라우니 위에 바닐라 아이스크림 한 스쿱과 딸기를 얹어서 디저트를 만들어 주었는데 그때 우리가 나누었던 이야기는 잊어버렸지만 그 맛은 기억합니다. 이것이 바로 요리가 주는 힘, 눈, 코, 입, 촉각, 귀가 주는 감각적 기억의 힘인가 봅니다.

벤과 경옥 씨를 떠올리면 그들의 가치관에 큰 영감을 받았던 기억도 떠오릅니다. 벤의 가족은 차가 없었는데도 주말이면 부산 광안리, 해운대 등을 버스와 지하철을 타고 나들이를 가서 해변에 돗자리를 펴 놓고 한참을 놀다가 왔습니다. 그리고 아이들을 부모의 욕심으로 억지로 공부시키거나 강요하지 않았습니다. 벤은 영국에서 교육학을 전공했는데, 아이들이 진정으로 원하는 것을 선택할 수 있도록 자유를 준다는 느낌을 많이 받았습니다. 그래서 덩달아 저도 자유롭게 아이가 원하는 삶을 살도록 노력해야겠다고 많이 배우는 시간이 되었습니다. 한국의 사교육 속에서 사는 한 쉽지는 않겠지만 중도를 지키는 데에 많은 가르침을 받았습니다. 하지만 벤의 가족은 한국의 높은 교육열로 인한 아이들의 교육 문제 등 여러 사정 때문에 영국으로 돌아갔습니다. 그들과는 아직도 SNS로 연락을 주고받으면서 어떻게 지내는지 서로의 일상을 공유하고 있습니다.

벤이 떠나기 전 Leon을 소개해 주어서 아일랜드 출신 리온과 2년 정도 친하게 지내다가 현재는 뉴질랜드 출신 Paul과 인연이 되어 또 잘 지내고 있습니다.

#외국인 친구를 사귀는 방법

사람들이 낯설지만 새로운 곳으로 여행하는 것을 즐기듯이 낯설지만 새로운 외국인과 친구가 되는 것도 여행만큼 즐겁고 행복한 일입니다. 막연히 외국인 친구들을 사귀고 싶다는 생각은 누구나 갖고 있지만 관계를 맺는 것은 어렵고 그 관계를 오랫동안 유지하는 것은 더 어렵습니다. 왜냐하면 살다 보면 연락이 뜸해지고 얼굴을 자주 못 보다 보니 관계는 멀어질 수밖에 없기 때문입니다. 관계를 유지하기 위해서는 노력이 필요합니다.

최근 저는 경주 여행에서 일본인 친구인 마호의 선물을 고르는 데 두 시간 정도를 투자했습니다. 그러나 그 시간이 전혀 아깝지 않았습니다. 외국인 친구를 나의 도구로 이용하는 것이 아니라 '만남의 인연'이라는 소중한 가치로 여길 때 관계가 더욱 오랫동안 돈독하게 유지될 수 있습니다.

그렇다면 외국인 친구를 사귀는 방법에는 어떤 것들이 있을까요?

첫째, 원어민 강사에게 외국어 회화 수업을 받는 것입니다. 둘째, 외국어를 하지 못하더라도 외국인의 문화나 삶에 관심이 있다면 먼저 다가가 친구가 되어 봅니다. 셋째, SNS나 편지, 택배선물, 여행지를 친구의 나라로 정해서 찾아가거나 우리 집으로의 초대 등을 통해 한 번 알게 된 인연을 지속적으로 이어갑니다.

저는 일본인 친구들이 많습니다. 철학과 최재혁 후배의 소개로 야마구치 대학교에서 교환학생으로 온 일본인 유학생을 소개받으면서부터 시작되었습니다. 최재혁 후배는 아홉 살 어린 후배지만 후배의 활달하고 적극적인 성격과 나이와 상관없이 대화가 잘 되면 얼마든지 친구가 될 수 있다는 저의 가치관이 서로 잘 맞아 친해진 것입니다. 그즈음 남편이 평소 관심이 많았던 일본어 회화와 문법을 배우고 싶어 해서 재혁이의 소개로 일본인 치히로를 일본어 선생님으로 소개받았습니다. 치히로에게 일본어를 배우면서 함께 밥도 먹고 핼러윈 파티에 베트남 유학생도 함께 초대하여 좋은 시간을 보냈습니다. 그리고 1년이 지나 치히로가 일본으로 돌아가야 해서 야마구치 대학교에서 다음해에 교환학생으로 오는 마호를 일본어 선생님으로 소개받았습니다. 그전에 이미 저는 마호, 나오와 먼저 만나서 친구가 되었고 마호와 나오, 재혁이와 함께 누비자 자전거를 타고 마산 해안도로와 돌섬으로 이어지는 등대까지의 길을 달리면서 불꽃놀이를 했던 추억은 지금도 잊을 수가 없습니다. 마호와 나오와 우리 가족은 함께 의령 곤충박물관도 가서 망개떡도 사 먹었고 소바도 먹었습니다. 일본 소바와 한국 소바의 차이점도 비교해 보면서 맛있고 재미있는 여행을 다녀왔습니다. 그리고 진해 벚꽃 축제에도 다녀왔는데 일본 오사카성에 갔을 때 피었던 매화와 벚꽃이 생각나는 날이었습니다. 마호가 교환학생 기간이 끝나서 일본으로 돌아갔지만 인연을 계속 이어나간 우리는 일본 오사카에 갔을 때 함께 오사카성을 여행하기도 했습니다. 심지어 교토에 갔을 때는 제가 스물세 살 때 철학 논술을 교육했던, 그 시절 중학생이었던 하만기 학생도 연락하여 만나고 왔습니다. 만기는 교토에 있는 대학교에 입학하여 유학생활을 하고 있었기에 연락해서 함께 샤브샤브도 먹고 교토 여행 가이드도 받았습니다.

　다시 한국으로 돌아와서 만기 학생과 한국으로 여행을 다시 온 마호와의 만남 자리를 만들었습니다. 일본과 한국이라는 공통 관심사로 이야기도 나누고 좋은 시간을 보내면서 새로운 문화 경험을 계속 유지하고 인간관계의 폭도 넓힐 수 있었습니다. 나중에는 마호도 일본으로 돌아가야 해서 제주도 여행을 함께하면서 우리나라 섬의 아름다움을 보여 주고 행복한 시간을 보냈습니다. 핼러윈 파티 때는 마호, 나오, 아카네, 재혁이와 우리 가족이 또 한 번 모여서 일본 애니메이션 〈센과 치히로의 행방 불명〉에 나오는 가오나시 캐릭터로 아들 태양이가 코스튬도 하고 재미있는 시간을 보냈습니다. 이렇게 저희가 외국인 친구들과 친하게 지내다 보니 일본 문화나 애니메이션, 영화, 역사, 요리도 거부감 없이 받아들일 수 있었습니다.

최근에는 제 철학 수업의 학생인 심수아의 어머님이 중국인이셔서 멍판 씨와도 알게 되었습니다. 멍판 씨는 중국에서 사범대학을 나와 현재 한국에서 중국어 강사로 활동하고 있습니다. 그래서 일곱 살이었던 제 아들의 중국어 회화 수업을 부탁드려서 서로의 아이를 가르치면서 그 인연을 계속 이어오고 있습니다. 중국인들은 일본인, 한국인과는 또 다른 가치관과 문화를 가지고 있다는 것을 배우고 이해하면서 계속 인연을 이어가고 있습니다.

먼저 이웃에게 나누는 삶

#삶, 사람, 사랑은 닮은 꼴

100세 철학자 김형석 교수님은 '삶, 사람, 사랑은 닮은 꼴'이라고 말씀하셨습니다. 삶의 이유와 의미를 한마디로 압축해서 정리해 놓으신 게 아닐까 싶습니다. 아이들의 학습에 학습 목표가 있듯 우리의 삶에 목적이 있다면 바로 사람들과 사랑하며 살기일 것입니다. 이렇게 삶의 목적을 정해 두고 성실하게 일하며 돈도 벌고, 자신의 꿈도 이루어 원하는 직업도 가지면서 살아갑니다. 더불어 살아가는 세상이기 때문에 나와 우리 가족의 이익만 생각하며 이기적으로 살면 다른 사람의 이익을 빼앗아야 할 경우도 생기고, 피해를 주게 됩니다.

저는 10년째 월드비전을 통해 국내 아동, 해외 아동을 돕는 후원을 꾸준히 하고 있습니다. 10년 동안 두 달 정도를 제외하고는 빠짐없이 후원하고 있습니다.

저의 모습을 보면서 태양이도 다른 사람 돕는 것을 당연하게 받아들이고 있습니다. 자기의 주머니에 있는 용돈을 봉투에 넣어서 자기보다 어려운 이웃을 도와야 한다고 기꺼이 내놓습니다.

어느 주일 교회에 갔을 때, 태양이는 감사헌금 봉투에 자기 용돈 2,000원을 넣어 놓고 '하나님이 저를 따뜻하게 해 줬어요. 감사해요.'라고 써 놓았습니다. 또 '하나님 저에게 축복을 주셔서 감사합니다.'라고, 비록 맞춤법은 틀렸지만 자기의 마음을 담아 정성껏 써 놓은 글자를 보았습니다. 이처럼 태양이도 자연스럽게 자신이 가진 것을 이웃과 나누는 연습을 하고 있었습니다. 제가 10년째 꾸준히 이웃과 사랑을 나누는 모습을 보였더니 아들도 자연스럽게 이웃과 함께 나누면서 사는 모습을 배우고 있었던 것이지요.

저는 우리 아들과 제가 가르치는 아이들이 이 세상은 혼자 살아가는 세상이 아니라 많은 사람들과 함께 더불어 살아가는 공동체이고 서로 도우면서 행복하게 살아가는 삶이 가치로운 삶이라는 것을 깨닫길 바랍니다.

#이웃과 공동체의 중요성

더 나은 공동체는 어떤 공동체일까요? 성경에는 '네 이웃을 네 몸과 같이 사랑하라'는 말이 있습니다. 이웃을 위해 할 수 있는 일이 많아질수록 그 사회는 더욱 살 만한 공동체가 될 것입니다. 이웃과 함께 기쁨과 행복을 두 배로 나누고 느끼는 것도 좋습니다. 또한 타자의 짐을 대신 짊어지고 슬픔과 어려움을 절반으로 나누는 것도 좋습니다.

태양이의 입학을 앞두고 옆동에 사는 학부모님이 입학선물로 용돈을 주셨습니다. 그분은 일곱 살 때 철학 교육을 받기 위해 만난 게 인연이 되어 고등학교 3학년 때까지 한 번도 쉬지 않고 꾸준히 수업을 들은 김나령 학생의 어머님이십니다. 12년이라는 세월 동안 학부모와 강사로 인연을 이어오고 있으며 이웃으로도 살아가고 있습니다. 2022년에 대학생이 된 나령이는 자신이 원하던 경희대학교 경제학과에 당당히 합격하여 우리 모두에게 기쁨을 주었습니다.

처음이라 긴장되는 태양이 입학식 때 무려 아는 친구들 세 명이 같은 반이 되는 흔치 않은 일이 일어났습니다. 어린이집에 같이 다닌 박예성, 같은 교회 주일학교를 다니는 정예성, 함께 키즈 철학 수업을 하는 박서윤이 같은 반이 된 것입니다. 이것은 주변의 모든 이웃과의 인연을 소중하게 생각하고 사이좋게 지낸 결과입니다. 또 같은 반은 못 되었지만 이윤우라는 친구와는 맞벌이를 해서 바쁜 엄마들이 서로의 시간이 될 때 품앗이를 하여 아이들을 대신 봐 주기도 하고, 각자 조금씩 음식을 만들어 와서 포트럭 파티를 열기도 합니다. 다른 학교에 다니는 친구들인 이루미와 김서준과도 좋은 시간을 갖고 있는데, 물리적으로 가까이 있어야만 친구이고 이웃이 아니라는 사실도 대화를 나누면서 깨닫게 해 주었습니다. 가끔 만나서 놀더라도 얼마든지 가까운 이웃 공동체가 될 수 있다는 사실을 알려 주고 어디에서나 좋은 이웃을 사귈 수 있다는 믿음을 심어 주면서 지금도 좋은 관계를 유지해 나가고 있습니다.

악기로 자신의 철학을 이야기하다

#악기가 가르쳐 주는 놀라운 힘

외롭고 심심할 때, 내 옆에 아무도 없다고 느껴질 때, 음악이 친구가 되어 줍니다. 음악을 듣고 부르고 악기로 연주할 수 있다면 내 마음을 더 잘 어루만지고 표현할 수 있습니다.

태양이의 사교육 중 가장 먼저 시작한 교육이 바로 바이올린입니다. 바이올린은 피아노와 달리 휴대하기가 쉬워서 언제 어디서든 연주하고 싶을 때 할 수 있어서 배우게 하고 싶었습니다. 그런데 바이올린은 자세를 연습하는 것부터 시작해서 아름다운 소리로 연주하기까지 1년 정도가 걸리는, 인내심이 필요한 악기였습니다. 그래도 태양이가 좋아하는 교회 형인 윤태준 형이 바이올린을 하고 있어서 거부감이 덜했습니다. 그리고 태준이의 형제인 윤여준 형은 바이올린을 하다가 클라리넷도 하면서 다양한 악기를 연주하는 모습을 보였기에 태양이에게 동기부여가 되었습니다.

다섯 살에 시작한 바이올린은 주 1회 방문 선생님께 30분 레슨을 받았는데 아홉 살이 된 지금은 악보를 보고 연주가 가능한 수준으로 많이 발전했습니다. 물론 대여섯 살쯤에는 아이가 힘들어 해서 그만두려던 위기도 있었습니다. 저희 부부는 아이의 선택권을 존중해 주려고 노력하기 때문에 태양이가 그만두고 싶다는 의사를 표현했을 때 먼저 아이가 왜 그만두고 싶어 하는지 물어보았습니다. 어린 나이라고 해도 꼭 아이의 의사를 물어보고 대화하려고 노력합니다. 태양이는 아무리 연습해도 예쁜 소리가 안 날뿐더러 바이올린을 목으로 받쳐야 해서 목도 아프고 턱도 아프고 재미도 없다고 했습니다. 무엇보다 아름다운 소리가 안 난다고, 그 과정을 기다리기가 지루하고 힘들다고 했습니다. 저는 바이올린 선생님께 진도가 더 느려도 되니 재미있게 해 달라며 아이의 상황을 설명했습니다. 가랑비에 옷 젖듯 조금씩만 가르쳐 달라고 했습니다. 그리고 태양이 아빠는 태양이에게 현재의 실력으로는 이 정도 소리가 나는 것이 당연하다, 악기는 시간이 오래 걸려야 실력이 는다. 아름다운 소리가 나려면 연습을 더 할 수밖에 없다고 차근차근 설명해 주고 옆에서 연습을 체크하고 도왔습니다. 태양이 아빠는 다른 교육은 거의 도와주지 않았는데 바이올린 연습 하나는 도맡아서 체크해 주었고, 그 덕분에 위기를 잘 넘겼고 지금은 즐겁게 바이올린을 연주할 수 있는 실력을 갖추었습니다.

현재는 할머니, 할아버지, 친척의 생일이나 집안 행사가 있을 때 바이올린을 갖고 나와 스스럼없이 연주하는 행동이 몸에 익었을 정도입니다. 2021년 12월 18일에는 창원 시티세븐 클라우드홀 43층에서 하우스 콘서트 연주회도 했습니다.

태양이의 사촌 동생 돌잔치 때에도 저희 가족이 직접 작사, 작곡, 연주한 노래를 불러 많은 사람들 앞에서 축하를 했습니다. 태양이가 사촌 동생을 위해 직접 지은 노랫말에 제가 멜로디를 붙여 작곡하고 태양이 아빠가 기타로 연주해서 태양이가 노래까지 부르며 축하해 주었지요.

악기를 다룰 수 있고 음악을 즐길 수 있는 능력을 갖게 되면 먼저 자신의 마음을 잘 이해하고 표현할 수 있습니다. 그리고 주변 사람들에게 마음을 표현할 수 있고 또 다른 소통의 좋은 방법이 됩니다.

악기 교육의 효과

세상에서 들려오는 모든 소리 중에서 의미 있는 소리를 가려내고 정보를 취합하는 능력은 이 세상을 살아가면서 꼭 필요한 능력입니다. 음악 교육, 특히 악기 교육이 학습과 연관성이 있는 이유가 무엇일까요? 첫째, 듣기와 말하기의 과정과 닮았습니다. 둘째, 하나의 정해진 규칙, 기호를 암기해서 읽고 해석하고 연주하는 과정이 닮았습니다. 셋째, 추상적인 개념인 음악을 듣고 구체적이고 자유롭게 표현하는 것이 수학, 과학, 국어, 도덕 등의 학문과 닮았습니다.

집에서 할 수 있는 가장 손쉬운 음악 교육 활동은 함께 노래를 부르는 것입니다. 세상에서 가장 따뜻하고 사랑이 넘치는 양육자의 목소리로 아이에게 노래를 불러 준다면 아이는 그 노래를 아주 의미 있는 소리로 받아들입니다. 그리고 일상생활에서 의미 있었던 주제를 바탕으로 노래를 직접 만들어 보는 것도 좋은 음악 교육입니다.

이후에 자기만의 악기를 다룰 수 있는 수준까지 확장된다면 음악 교육의 목적에 더 가까이 도달할 수 있습니다. 음악 교육의 목적이 바로 일상의 소리를 의미 있게 듣고 전반적인 음악 개념을 체화하는 것이기 때문입니다. 이러한 음악 교육은 비유하자면 넓은 의미의 동요 부르기, 노래 만들기 같은 실제 학습 과정에서의 듣기, 말하기의 과정으로 보면 됩니다. 그리고 악기 교육은 읽기, 쓰기의 과정으로 비유할 수 있습니다. 따라서 악기 교육은 실제로 어느 정도 읽고 쓸 수 있는 나이, 즉 만 6~7세 전후로 시작하는 것이 좋습니다.

　음악 기호를 이해하다 보면 수학 실력도 함께 향상됩니다. 음악은 음과 음 사이의 간격인 길이, 높낮이, 조화로움 등을 주축으로 하는 추상적인 개념 중 하나입니다. 그러므로 음악 기호를 제대로 이해하기 위해서는 눈에 보이지 않는 것을 시각화하여 인지할 수 있는 능력이 꼭 필요합니다. 수학에서 한 가지만 예를 들면 추상적인 시간을 시각화하여 시계를 보고 30분, 37분 등을 정확하게 읽어 내는 것도 이에 해당됩니다.

　또한 악보 읽기를 통해 기억력이 향상되고 국어 인지 능력도 향상됩니다. 악보 읽기는 음악 기호들 사이의 의미를 빠르게 비교하고 유기적으로 인지하는 것을 의미합니다. 이 과정은 특정 정보가 단기 기억에서 장기 기억으로 전환되는 과정이 우선되어야 가능합니다. 기억력의 확장을 경험하는 아이들은 정보를 기억해야 할 때 패턴으로 그룹을 짓고, 이를 의미 있는 단위로 엮습니다. 소위 기억의 방들이 따로 있어서 더 잘 기억할 수 있는 것입니다. 그리고 음표의 길이와 박자를 비교하다 보면 친구와 나의 장난감의 크기를 비교하듯 두 가지 이상의 사물을 비교하고 대조하는 것에도 익숙해집니다.

올바른 기법으로 악기 연주를 하면 높은 집중력과 오랜 인내심도 기를 수 있습니다. 올바르게 악기를 연주하기 위해서는 높은 집중력이 필요합니다. 눈을 악보에 고정시키고 음악 기호를 해석한 뒤 박자에 맞춰서 올바른 자세로 연주하는 것은 고난도의 멀티태스킹입니다. 효과적인 악기 교육을 시작하는 아이들은 최소 10분 이상 한 가지 과제에 집중할 수 있고 반복의 필요성을 인지할 수 있습니다. 또한 적정 수준의 도전이 주어지는 경우 기쁘게 받아들이고 그 과정을 통해 나아가는 모습도 보여 줍니다. 또한 손과 입, 팔 등의 움직임을 통해 소근육 발달과 같은 신체와 정서적 능력도 함께 키울 수 있습니다.

05
공동체 육아의 놀라운 힘

#공동체 속에서 나를 발견하기

이웃에 삼총사가 있어서 든든합니다!

저에게는 한 아파트에 살면서 어린이집 시절부터 공동육아를 하는 학부모들이 있습니다. 태양이, 친구 윤우와 예성이는 저희끼리 삼총사라고 별명을 지었습니다.

윤우 엄마는 케이크를 맛있게 만드는 우리 공동체의 파티시에로 불립니다. 예성 엄마는 정보가 많고 다양한 경험을 중요하게 생각해서 아이들을 영화관이나 공연장에 잘 데려갑니다. 저는 파티나 피크닉처럼 사람들이 모이는 것을 좋아해서 함께 놀 수 있는 모임을 기획하고 준비합니다. 이렇게 태양이에게 친구들이 있고 저도 그 친구들의 부모님과 친구로 잘 지내고 있습니다.

때로는 공동체 육아를 하면서 서로의 생각이 조금씩 달라 힘든 점도 생기고 아이들끼리 다투는 등의 갈등이 생기기도 합니다. 이웃과의 공동체 육아 또한 인간관계에서 비롯되는데 조금의 의견 차이와 갈등은 당연합니다. 이러한 상황을 어떻게 지혜롭게 해결하고 인내하는가가 중요합니다. 서로 조금씩 배려하고 인내하면서 부모부터 인간관계를 잘 맺어 가면 아이들도 어른들의 모습을 보면서 더욱 좋은 인간관계를 맺을 수 있습니다. 조금씩 양보하고 배려하면서 공동체 육아를 하면 좋은 점이 많다는 것을 깨닫고 서로에게 힘이 되어 삶이 더욱 행복해집니다.

#함께하는 육아의 즐거움

육아 품앗이는 말 그대로 함께 육아를 함으로써 부모와 아이들이 모두 나눔을 배워 가는 것입니다. 품앗이는 원래 농사일을 서로 도와주는 것입니다. 과거에 이웃의 농사일을 서로 도와주었듯이 이웃과 함께 육아를 하며 돕자는 의미에서 '육아 품앗이'라는 신조어가 생겨났습니다.

저는 육아 품앗이라는 말보다는 '공동육아'라는 말이 더 좋습니다. 육아를 도와준다는 의미보다는 함께 육아를 하고 어려움과 기쁨도 함께 나눈다는 의미가 더 좋기 때문입니다. 사실 공동육아는 개념이 더 포괄적이고 전문적이어서 정부나 지자체에서 지원을 받아 협동조합처럼 조합을 만들어서 육아를 함께하는 경우나 대안학교의 개념까지 포함하는 경우도 있습니다.

하지만 저는 그런 공동육아의 형태를 말하는 것이 아니라 단순히 함께하는 육아를 통해 공동육아를 이웃 공동체끼리 해 나가길 권장합니다. 육아의 어려움과 기쁨을 나누며 육아가 우리에게 무거운 짐이 아닌 소중한 시간으로 여겨질 수 있게 도움을 주고 있기 때문입니다. 좋은 사람은 곁에 있는 이들을 성장하게 합니다. 또한 더불어 사는 삶의 중요성도 깨닫게 합니다. 가까운 사람들, 친구, 이웃, 또래 아이들을 키우는 엄마들끼리 세 명만 모여도 충분히 공동육아를 시작할 수 있습니다. 거창하고 어려운 것이 아니니 함께 문제를 해결하고 도와주고 도움을 받으면서 협동의 기쁨을 느껴 보길 바랍니다.

#독박육아 vs 공동육아, 당신의 선택은?

독박육아는 남편 또는 아내의 도움 없이 혼자서 육아를 도맡아 한다는 신조어입니다. 이런 독박육아의 문제점을 해결하기 위해서 공동육아가 필요합니다. 공동육아의 장점은 육아비용 부담을 덜 수 있다는 것입니다. 그리고 육아가 처음인 초보 부모들이 여러 정보와 도움을 얻고 고민을 나눌 수 있으며 각종 육아용품도 서로 공유할 수 있어서 좋습니다. 돌아가면서 아이들을 돌봐 주거나 일일 팬케이크 만들기, 딸기 따기 등의 체험활동도 함께할 수 있습니다. 또 아이들에게 자연스럽게 친구를 만들어 주는 계기도 됩니다. 그리고 부모 앞에서는 보여 주지 않는 모습들을 다른 집에서 발견하고 서로 알려 주기도 하면서 함께 잘 성장시킬 수 있습니다.

물론 서로의 아이들을 비교하거나 싸움과 갈등이 일어나 감정이 나빠지는 경우도 생길 수 있습니다. 이런 단점들은 부모도 조심하고 아

이들에게도 주의를 시켜 배려를 배우고 공동체 생활의 기본 예의도
지킬 수 있게 해야 합니다.

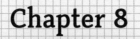

Chapter 8

★

키즈 철학
일타강사의
자랑스러운
상위 1% 아이들

키즈 철학으로 영재를 만들다

#키즈 철학으로 떡잎부터 다른 아이를

어렸을 때부터 부모가 키즈 철학의 중요성을 알고 가정에서나 키즈 철학 교육을 통해 교육을 시킨 아이는 떡잎부터 다릅니다. 철학 교육을 중심에 두고 키운 아들 태양이, 여섯 살에 만난 하윤이, 초등학교 1학년, 3학년 때 만난 동환이와 동주, 초등학교 5학년, 중학교 1학년 때 만난 채현이와 석현이, 초등학교 6학년 때 만난 기우까지 제가 만난 아이들은 셀 수 없이 많지만 그중에서 특히 공부법을 나누었을 때 도움이 될 만한 학생들을 소개해 보려고 합니다. 이 아이들이 철학 교육을 시작한 시기는 각각 다르지만 모두 각자의 자리에서 자신의 목표를 향해 열심히 나아가고 있는 중입니다.

자, 그렇다면 이 아이들의 공통점은 무엇일까요? 첫째, 선생님과 친구들에 대한 존중이 있고 예의가 바릅니다. 둘째, 집에 책이 많고 책 읽기를 좋아합니다. 셋째, 실패를 했더라도 끝까지 목표를 향해 노력하는 끈기가 있습니다. 넷째, 입시제도와 정보를 잘 파악하고 활용하여 적기에 진로를 찾았습니다. 다섯째, 자존감이 뛰어나 글쓰기나 말하기로 자기소개서 같은 자기 PR을 잘합니다.

물론 지금 소개할 학생들의 타고난 재능도 있겠지만 이 학생들은 키즈 철학을 통해서 계속 성장하고 발전해 나갔습니다. 이 학생들의 공통점은 자신의 삶의 목적과 존재 가치를 정확하게 인식하고 자신의 장점과 단점을 파악하여 자아실현을 하고 자기의 목소리를 내면서 당당하게 살아갈 수 있게 되었습니다. 이 학생들이 했던 키즈 철학의 교육 방법을 몇 가지 소개하겠습니다.

02
꼬마 철학자 칸트 박태양

#철학을 전공한 부부가 낳고 키즈 철학으로 키운 철학 영재!

박태양 학생은 철학을 전공하고 철학 교육을 하고 있는 부모님의 영향을 받아 어릴 때부터 책을 열심히 읽었고 부모님과 대화도 많이 했습니다. 엄마와 아빠가 철학 선생님이기 때문에 책 육아의 중요성을 누구보다도 먼저 깨닫고 있었기 때문입니다. 그래서인지 다른 아이들에 비해서 대화할 때 사용하는 어휘의 수준이 남달랐습니다. 고급 어휘와 한자어를 정확하게 문장에 적용하는 능력이 돋보였습니다. 아이에 대해 잘 알아보고 싶은 생각에 다섯 살 생일 선물로 아동심리교육 기관에 약 30만 원의 큰 비용을 들여서 지능검사를 실시했습니다. 결과는 저의 예상과는 다르게 언어 능력보다 수과학적 능력이 더 높게 나왔습니다. 단순히 어려운 한자어 같은 고급 어휘를 잘 활용하여 문장을 짧고 간결하게 말하는 것보다는 다양한 어휘를 많이 사용하고 문장을 여러 가지로 확장하는 능력으로 평가 기준이 정해져 있는 듯

했습니다. 이런 검사들도 계속 접하다 보니 의존할 필요까지는 없지만 타 분야 전문가의 관점에서 해석한 내 아이에 대한 객관적인 정보로 참고하기엔 꽤 도움이 된다는 생각이 들었습니다.

저는 책을 많이 읽어서 태양이의 언어능력이 뛰어난 줄 알았지만 공룡책을 통해 분류, 비교, 대조, 분석 등을 먼저 배워서인지 태양이는 사고력 수학을 아주 즐기는 모습을 보입니다. '책을 많이 읽고, 엄마와 아빠가 문과였으니 아이도 문과겠지?'라는 막연한 생각은 고정관념이었습니다.

책을 읽을 때 공룡, 자동차 등 배경 지식이 많은 자연과학 책을 좋아하거나 그런 책을 먼저 접해 주면 이과적 능력이 향상됩니다. 너무 이과적인 사고의 아이에게는 동화, 인성 동화, 문학 등을 읽혀서 감성과 문과적 능력을 향상시킬 수 있습니다. 여기에 철학책 또는 꼭 철학책이 아니더라도 다양한 책에 키즈 철학 교육 방식을 활용하면 문과와 이과적 사고능력을 통합적으로 기를 수 있습니다. 예를 들어 고학년은 《사피엔스》, 《이기적 유전자》 등의 도서로 과학적 지식과 인간에 대한 기본적인 이해는 물론 문과와 이과의 지식과 사고를 동시에 길러 줄 수 있습니다. 저학년의 철학 동화도 마찬가지입니다. 철학 동화뿐만 아니라 고전을 철학 교육으로 활용하면 문이과적 사고를 동시에 할 수 있습니다. 또 다른 예를 들어 《왕자와 거지》에 대해 수업하면 왕자와 거지가 살던 시대에는 왜 신분제도가 있었는지 역사적 사실을 살펴볼 수 있습니다. 그리고 신분을 바꾸어서 살아보고 싶은 이유가 무엇인지에 대한 생각도 해 볼 수 있습니다. 신분을 바꾸어서 살았을 때의 좋은 점과 나쁜 점도 비교해 볼 수 있습니다. 똑같은 사람인데 신분에 따라 삶이 180도로 달라지는 것에 대해 생각하면서 신분제도의 문제점과 차별의 문제를 풍자하고 있는 고전 소설의 주제를 파악할 수도 있습니다. 나아가 왕자와 거지의 외모가 쌍둥이처럼 닮아서 서로의 삶을 바꾸어 살 수 있었던 것처럼 유전자 복제 기술을 통해 인간과 생명체의 복제도 가능한지, 유전자 복제나 재조합 기술의 문제점은 무엇인지 과학적 주제로 확장해서 토론해 볼 수도 있습니다.

태양이는 어렸을 때부터 현재까지 다양한 학문에 경계를 두지 않고 융합적으로 철학적 사고를 연습하고 있습니다. 대화를 교육 방법의 가장 기초로 두고 다양한 책을 교재로 활용하면서 열심히 철학 교육을 하며 성장하고 있습니다.

철학으로 의대에 간 남매 유석현, 유채현

#의대생 오빠와 수의대생 여동생의 의대에 진학한 비결!

유석현 학생은 연세대학교 의예과에 들어갔고 현재 세브란스 정형
외과에서 수련중에 있습니다. 석현이는 중학교 1학년 때 처음 '필로스
코 철학 논술' 센터 문을 두드렸습니다. 이미 과학과 수학에 특별한 관
심을 보였는데, 집안에 과학 실험실을 꾸며 놓고 혼자 실험을 설계하
고 실험한 후에는 실험 탐구 보고서도 쓰면서 과학에 집중하는 모습
을 보였습니다. 그리고 큐브에 호기심을 갖게 된 후에는 국내의 모든
큐브와 당시 한국에 없는 큐브는 해외배송을 통해 구매하여 맞춰 보
고 탐구했다고 합니다. 이를 계기로 다면체들의 전개도를 직접 오려서
수많은 큐브를 자체적으로 제작해 보았으며 복잡한 다면체도 만들었
다고 합니다. 큐브를 만드는 것에 그치지 않고 만든 큐브를 〈어린이 과
학 동아〉에 실어서 많은 친구들과 자신의 탐구 결과물을 공유하는 모
습이 보기에 좋았습니다. 이렇게 큐브에 대한 호기심은 5차원 기하학

에 관한 수학적 탐구로 이어졌고 5차원 기하학의 내용을 노트에 정리해 두고 자신만의 수학과 과학 관련 공식들을 정리한 노트를 만들기도 했습니다.

유석현 학생은 초등학교 5학년 시절부터 블로그도 운영하면서 많은 사람들과 자신의 지식을 공유하고 도움을 주는 모습이 인상 깊었습니다. 그 당시에는 학생이 블로그를 운영하는 모습이 조금 생소했는데 초등학생의 블로그가 일일 방문자 약 200명, 총 방문자가 당시에 16만 명 이상이 될 정도로 활발하고 지속적으로 운영이 되고 있어서 신기했습니다. 현재는 더 많은 누적 방문자가 있고, 블로그 외에 다양한 SNS와 사회적 활동을 통해서 많은 사람들과 교류하며 지내고 있습니다.

5학년 때 블로그를 시작하게 된 계기는 큐브 맞추는 방법을 동영상으로 올려달라는 한 친구의 부탁에서 출발했다고 합니다. 큐브 공식을 올린 후엔 그 글을 검색해 블로그를 방문하는 사람들이 생겼고, 이에 흥미를 느낀 석현이는 여러 과학 사이트의 유용한 글을 스크랩해 오고 짜깁기하면서 활발한 활동이 시작되었다고 합니다. 그러다가 점점 자신이 자체적으로 탐구한 결과물들을 올리게 되었다고 합니다. 처음에는 취미로 관찰하던 샤프에 숨겨진 수학과 과학 원리에서부터 나중에는 대수, 유기화학 등의 전문적인 탐구 결과물들도 올리게 되었습니다.

저는 아직도 유석현 학생이 취미로 모은 샤프와 연필 등을 보여 주면서 각 제품의 기능과 차이점을 비교 대조해 주던 모습이 생생하게 기억납니다. 이렇게 생활 속에서 비교와 대조의 설명 방법을 활용하고 분류하는 습관이 몸에 배어 있던 석현이는 이미 논리적이고 철학적인 사고가 되는 학생이나 다름없었습니다. 그러나 석현이는 소위 뼛속부터 이과로 보였는데 그 이유는 자신의 잠재력이 발휘되기 전이었기 때문입니다. 글쓰기로 표현하고 국어의 긴 지문을 읽고 비유법과 작가의 감정을 공감하는 것에 약했기 때문입니다. 처음에는 석현이와 중학교 국어 논술 분야를 좀 더 집중적으로 지도해 주기 위해 만났지만 석현이는 갈수록 국어와 글쓰기 등 인문학적 실력도 향상되는 모습을 보였습니다.

석현이에게 들은 에피소드가 있습니다. 석현이는 중학교 2학년 시절 한국과학영재학교에 입학 원서를 넣은 적이 있습니다. 그리고 서울과학고등학교에도 지원했습니다. 2차 면접에서 안타깝게 떨어졌는데, 석현이의 대단한 점은 두 학교의 면접에 나왔던, 자기가 제대로 못 풀었던 문제를 다 기억해 와서 그것을 집에 와 해결해 보면서 자기 것으로 만들었다는 것입니다. 그 후에 석현이는 경남과학고등학교에 높은 성적으로 입학해 조기졸업을 하고, 고2 조기졸업 후에 연세대학교 의예과에 입학했습니다. 대학교에 입학하기 전에 면접을 보는 과정에서 나온 질문이 바로 자기가 예전에 서울과고 면접을 볼 때 완벽히 풀지 못했던 문제가 심화되어 나왔다는 이야기를 들었습니다. 그런데 석현이는 고등학교 입학 당시에는 그 문제를 풀지 못했지만 그 문제를 기억해서 해결하는 과정을 끝까지 찾아 자신의 지식으로 만들었다고 했습니다. 그렇게 자신의 지식이 된 그 문제가 심화되어 대학 입학 시험에 나왔고, 대학 입시 때에는 그 문제를 잘 해결해 결국 연세대 의대에 입학하게 되었다는 것입니다. 현재는 중고등학교 시절에 마음껏 하지 못했던 취미생활을 열심히 하면서 멋진 학교생활을 이어 가고 있습니다. 피트니스 동아리를 통해 몸도 건강하고 멋있게 만들어 보디 프로

필도 찍고, 연세 오케스트라 활동도 하면서 다른 학교와 함께 연합 동아리로도 활동하고, 칵테일 제조 대회에도 나가 수상까지 하면서 취미를 전문적으로 키워 나가고 있습니다.

유채현 학생은 현재 수의학과에 재학 중입니다. 앞서 소개한 유석현 학생의 동생으로 초등학교 5년 때부터 저와 고전 문학과 신문 NIE 수업을 활용한 철학 논술 수업을 했습니다. 당시 유채현 학생이 재학하고 있던 초등학교는 교육열이 높은 학교로 유채현 학생도 어릴 적부터 다양한 교육을 받으며 자랐습니다. 채현이는 특히 학교 영재학급부터 창원대학교, 경남대학교 영재교육원까지 모두 합격하여 영재교육도 3년 이상 이수했습니다.

영재 교육과정을 준비하고 이수하는 동안 채현이는 자신의 진로와 꿈에 대한 깊은 고민을 할 수 있었습니다. 이때부터 자기소개서에 자신의 꿈은 생물학자나 의사라고 명확히 했으니까요.

제 꿈은 생물학자이자 의사입니다. 의사는 직접적으로 인간을 치료하고 생명을 살릴 수 있는 중요한 직업입니다. 저 또한 훌륭한 의사 덕분에 아플 때마다 치료받을 수 있었습니다. 하지만 저는 먼저 기본적인 과학적 지식을 갖춘 생물학자가 되고 나서 그것을 바탕으로 의사가 되어 사람들의 생명을 살리고 싶습니다. 저는 먼저 효소와 관련한 연구를 하여 암, 성인병 치료제를 개발하고 싶습니다. 효소는 사람의 건강을 지켜 주는 기본입니다. 효소가 부족하면 섭취한 음식물의 영양소가 잘 흡수되지 않아 질병을 일으키기 쉽습니다. 싸고 유용한 효소를 발견한다면 그것을 이용한 치료제를 개발하고 많은 사람들의 병을 고칠 수 있을 것입니다. 발효음식에 든 효소나 황토효소 등 다양한 미생물의 효소를 활용하면 치료 효과는 높이면서 가격을 낮추는 것도 가능할 것입니다. 그래서 전 세계의 아프리카와 같은 개발도상국가의 사람들이 치료를 받지 못하여 죽는 일이 없도록 할 것입니다. 우리나라도 가난하고 살기 힘든 시절에 선진국에서 도와주었듯이 생물학자가 되어 과학기술을 통해 개발도상국가의 발전을 돕는 것이 우리의 책임이라고 생각합니다. 또한 최근 세계적으로 사람들의 수명이 길어지면서 질병과 건강에 대해 관심이 많다고 합니다. 저는 효소와 관련한 생물학 분야를 전공하여 여러 분야에 적용하여 인류의 건강을 위해 이바지하고 싶습니다.

제가 준비한 입증 자료의 주제는 '황토 효소'입니다. 이 주제를 선택하게 된 이유는 얼마 전에 본 영화 〈베어〉에서 흥미로운 장면을 보았기 때문입니다. 총에 맞은 곰이 황토 흙탕물에 상처 부위를 담그고 치료하는 장면이 나왔습니다. 그리고 인터넷에 찾아보니 오래전부터 황토는 짐승들의 상처에 훌륭한 치료제로 사용되었다고 합니다.

동물뿐만 아니라 황토는 인간들의 생활 곳곳에서 사용되고 있습니다. 황토는 원적외선을 방출하고, 항균, 탈취 등 여러 기능들을 가지고 있어서 우리는 이를 이용하여 황토 찜질, 흙침대, 비누, 벽지 등 생활 속 여러 분야에서 활용하고 있습니다. 저희 부모님도 황토 흙침대를 사용하고 계시고, 며칠 전 저는 엄마와 함께 황토 팩을 하기도 했습니다.

하지만 얼마 전 황토제품에 중금속이 검출되어서 우리 몸에 좋지 않은 영향을 끼친다는 뉴스를 보았습니다. 내가 쓴 황토 팩에도 중금속이 들어있을지도 모른다는 생각에 불안해졌고 황토제품에 대한 불신도 생겨났습니다.

그럼에도 불구하고 황토에는 효소에 의한 누구나 인정할 만한 좋은 기능들이 있습니다. 그래서 황토보다는 황토에 포함된 효소를 상처나 질병의 직접 치료제로 이용하면 좋겠다는 생각이 들었고 황토의 효소에 대해 더 조사해 보고 싶어져 이 주제를 선택하게 되었습니다.

사람들은 이러한 황토의 좋은 기능을 알고 건강, 미용 등 생활 속에서 다양하게 사용하고 있습니다. 하지만 영화 〈베어〉에 나온 동물들처럼 직접적인 치료제로 사용하고 있지 않습니다. 또한 작년 뉴스에 나왔던 것처럼 황토에 중금속이 섞여 있을지도 모른다는 생각에 일부 사람들은 황토 사용을 꺼리고 있습니다. 그래서 저는 황토에서 좋은 작용을 하는 효소만을 사용하면 어떨까? 하는 생각이 들었습니다. 그리고 저는 효소들의 기능을 보고 이 황토 효소를 화학물질을 사용한 약물 대신 우리 질병의 직접 치료제로 사용하는 데 대한 가능성을 보았습니다. 또한 위에서 한 실험에 의하면 카탈라아제는 중성일 때 효율이 극대화되기 때문에 카탈라아제가 강산성인 위에서 작용하지 않고 원하는 곳에만 작용하도록 하는 방법도 후에 연구해 보고 싶습니다.

●당시에 썼던 경남대학교 영재교육원 자기소개서의 일부

유채현 학생은 이 꿈을 이루기 위해 끝까지 노력한 결과, 현재 수의학과에 입학하여 공부에 매진하고 취미생활도 활발하게 하며 잘 지내고 있습니다. 자신이 정말 원하는 삶이 무엇인지에 대한 고민을 지속적으로 하면서 현실에 안주하지 않고 자신의 꿈을 향해 나아가는 모습이 남달랐습니다. 자신의 꿈을 끝까지 이루기 위해 노력해 가는 모습과 끈기와 인내가 대단하다는 생각이 들었습니다.

자신들만의 철학으로 기업을 만든
청년 CEO 형제 김동주, 김동환

#우주에서도 먹을 수 있는 커피, 씹어 먹는 고체 커피 브랜드 대표가 된 형제!

현재 '우주에서도 먹을 수 있는 커피, 씹어 먹는 고체 커피' 브랜드 COBA 커피 코리아의 김동주 대표와 동생 김동환은 창원에서 초등학교를 다닐 때 제가 가르친 제자입니다.

김동주 학생이 3학년, 김동환 학생이 1학년 되던 해에 만나서 약 4년 동안 수업했습니다. 형제는 그 당시 창원에서는 교육열이 높은 학군에서 열심히 공부했습니다. 무엇보다도 부모님이 책의 중요성을 알고 계셨고 책 읽기와 글쓰기 같은 의사소통과 인성 교육을 중시해 달라고 하셨습니다. 부모님의 교육관과 늘 많은 사람들을 상대하시는 부모님의 직업적 특성상 김동주 학생도 예의가 바르고 사람들과의 유대관계가 좋았습니다. 학생회장으로 활발히 활동했고 연설문을 쓸 때에도 남다르게 마술을 넣어 보여 주는 창의성이 있었습니다. 집에 있는 많은 책들을 이용해서 100원을 받고 도서관을 운영하여 모인 기금을 불우이웃 돕기 성금으로 내기도 하는 등 어렸을 때부터 실생활에서 프로젝트를 만들어서 진행하는 능력이 뛰어났습니다. 동주와 동환이의 어린 시절 옆에서 함께 고전 문학, 역사, 과학 등 다양한 책을 읽고 대화하며 가르치고 도울 수 있었던 것이 제게는 뜻깊은 추억으로 남아 있습니다.

김동주, 김동환 형제는 제주 국제 중학교에 진학하려는 목표가 있었습니다. 국제 무대에서 활발하게 활동할 인재가 되어야겠다며 다른 친구들보다 더 일찍 진로를 정했습니다. 목적 달성을 위해 주 3회 정도 만나서 책을 읽고 글도 쓰고 공부를 했습니다. 저는 방문 수업과 센터 수업을 병행하면서 수업을 진행했지요.

그 결과 제주 국제 중학교에 형제 모두 차례로 진학했고, 교육과정을 잘 마친 후에는 세계 명문대로 손꼽히는 UC버클리 경영학과에 형제가 차례로 입학했습니다. 그중 형인 김동주 군은 좋은 성적으로 졸업 후 스물셋 젊은 나이에 COBA 커피 코리아 회사의 CEO로서 활발히 활동하고 있습니다. 동문들과 함께 COBA 커피 코리아 회사를 운영하는 젊은 CEO로 신문과 방송에도 소개되고 있어 자랑스럽습니다. 단순한 커피 브랜드가 아니라 창의적인 아이디어를 바탕으로 한 커피라서 더욱 새로웠습니다.

'우주에서도 커피를 마실 수 있는 방법은 없을까?'

형제는 이러한 질문에서 시작하여 액체가 아닌 고체 형태의 초콜릿 같은 커피를 만들어 많은 사람이 편하고 감각적으로 즐길 수 있도록 했습니다. 고체커피는 액체커피보다 부피도 작아 휴대하기도 편합니다. 따뜻한 물에 넣으면 커피처럼 마실 수 있습니다. 고체커피라고 해서 맛이 너무 쓰거나 진할 줄 알았는데 초콜릿과 커피를 섞어 놓은 듯한 맛으로 맛도 향도 좋습니다. 자신들의 창의력을 실현시켜서 세계를 무대로 열심히 활동하고 있는 형제의 모습이 참 자랑스럽습니다.

#영재에 대한 고정관념을 깨뜨려 준 노력형 인재!

김기우 학생은 현재 KAIST에 다니면서 '필로스코 철학 논술' 센터에서 후배들을 위해 매주 멘토링 수업을 줌으로 해 주고 있습니다. 김기우 학생이 초등학교 6학년 시절 처음 만났는데, 그때 기우를 봤을 땐 선행학습을 거의 하지 않고 학교 공부만 충실히 해 온 학생이라 어릴 때부터 선행을 많이 한 친구들에 비해 영재의 면모가 적다고 생각했습니다.

그런데 시간이 지날수록 정보를 이해하고 분석하고 정리하는 능력이 뛰어났습니다. 게다가 다른 사람들에게 알아듣기 쉽게 설명하는 모습이 기본기에 충실하고 성실한 면이 뛰어난 영재라는 생각이 들었습니다. 무엇보다 인내심과 끈기, 성실함에 있어서 영재였습니다. 창원과학고등학교에 입학했을 당시에도 김기우 학생은 겸손하게 그리고 정확하게 자신에 대해 알고 있었습니다. 그래서 자신은 성실하지 않기 때문에 기숙사형 학교에서 정해 주는 자율학습 시간까지 시간을 정해서 공부를 했다고 했습니다. 그리고 휴대폰의 유혹을 잘 이겨내지 못하기 때문에 휴대폰 없이 공부했고, 게임 앱도 다 지우고 공부에만 임했다고 후배들에게 조언해 주었습니다. 그리고 시험기간에는 각 과목을 어떤 방식으로 공부해야 효율적인지 알려 주기도 합니다. 선생님마다 중요하게 생각하는 출제 의도를 잘 파악하여 효과적으로 공부하면 결과가 좋다는 사실을 정확하게 분석하여 지식을 습득하는 방법을 잘 알고 있는 뛰어난 학생입니다. 그래서 사교육을 거의 하지 않고도 창원과학고등학교에 입학할 수 있었습니다. 입학했을 때는 하위권이었는데 졸업할 시기에는 전교 1등으로 졸업하였고, 조기 졸업이었습니다. 그리고 자신의 꿈을 이루기 위해 KAIST에 당당히 입학했습니다. 고등학교 시절에도 따로 사교육을 받지 않고 학교 수업에만 충실했으며, 자율학습 시간에 열심히 개인 공부를 하여 자신의 목표를 달성한 김기우 학생이 정말 대단합니다.

　김기우 학생은 자신을 누구보다 잘 이해하고 결단을 내리고 조절하는 능력이 영재라는 생각이 들었습니다. 6학년 때부터 지금까지 이어오고 있는 인연을 통해 배울 점이 많은 학생이라고 느낍니다. 또한 저에게 과학, 수학 올림피아드에 나갈 수준이 되는 아이들만이 영재라는 고정관념을 깨뜨려 준 학생이기도 합니다.

06
책을 좋아하고 철학하기를 즐기는 수학 영재 유하윤

 # 인문학을 사랑하는 부모님 밑에서 나온 수학 영재!

유하윤 학생은 현재 초등학교 5학년인데 하윤이를 처음 만난 건 여섯 살 때였습니다. 철학과 인문학을 사랑하는 부모님 밑에서 인문학 책을 먼저, 그리고 충분히 접하였고 말하기와 글짓기 등을 중점적으로 교육받아 왔습니다. 오히려 하윤이 덕분에 철학에 관심을 더 많이 갖게 된 하윤이의 어머님은 대학원 철학과에 입학해 전공을 하고 계십니다. 아버님는 약학을 전공하셨는데 인문학을 아주 사랑하십니다. 이러한 부모님 밑에서 하윤 학생은 인문학을 바탕으로 수학과 과학적 사고능력도 함께 키워 나갈 수 있었습니다.

여섯 살 시절 유하윤 학생을 처음 만났을 때의 강렬했던 기억이 있는데, 그날 하윤이는 자기만의 책을 만들어 보여 주었습니다. 하윤이는 처음 만난 저에게 색종이와 스케치북을 여러 겹 붙여 그 위에 자기만의 이야기를 연필, 색연필, 사인펜을 이용해서 쓴 책을 보여 주었습니다. 네댓 살부터 한글을 뗀 후 무언가를 계속 그리고 쓰고 만드는 것이 취미라고 했습니다. 끊임없이 자기만의 생각을 적어 놓았는데, 물론 앞뒤가 맞지 않는 글들도 많았습니다. 그러나 자기의 생각을 계속 표현하는 것이 대단했습니다. 그리고 세계 국기에 관심이 많아서 국기를 다 외우고 있었고, 세계 지도에도 관심이 많아서 각 나라의 문화와 역사에 많은 지식을 갖고 있었습니다. 또 여섯 살임에도 불구하고 50분의 수업 시간 내내 집중하는 모습도 대견했습니다.

인문학의 중요성을 알고 계셨던 부모님의 영향으로 어릴 때에는 철학동화, 인성동화, 전래동화, 세계지리와 문화, 한국사, 세계사 등의 책을 이미 어느 정도 읽은 상태였고 저를 만나면서 더 깊이 있는 수업을 하면서 표현을 정리해 나갔습니다.

그러나 처음에 자기만의 글을 쓰는 방식이 있고 지식이 워낙 방대하다 보니 글짓기 표현에 어려움을 겪기도 했습니다. 글을 길게 쓰고 핵심이나 주제에 맞게 표현하는 것을 어려워했습니다. 생각이 너무 많았기 때문입니다. 또 느낌과 자신의 생각보다는 지식 위주로 글쓰기를 하게 되어 그 점을 고치기 위한 훈련을 했습니다. 서서히 자신만의 글쓰기 방식을 찾아가더니 글짓기상도 여러 차례 수상하고 그 덕분에 글쓰기에 자신감이 더 붙게 되었습니다.

일곱 살이 되면서부터 본격적으로 수학 공부를 했고, 저도 과학책을 조금 더 추가하여 수업에 활용했습니다. 일곱 살에 HME 수학경시대회 오프라인 시험에 나가 1학년 과정에 도전하였습니다. 무엇보다 일곱 살인데 스스로 OMR 카드를 다 작성하고 최우수상을 타 낸 모습도 대단했습니다. 2학년 때는 수학 경시대회 중 제일 수준이 높기로 유명한 성균관대 수학 경시대회에서 장려상, 우수상을 수상하면서 수학 영재의 면모를 보였습니다. 최근 시험에서는 은상을 수상했는데, 유하윤 학생은 현재 진행형인 영재이므로 밝은 미래가 훨씬 기대됩니다.

Chapter 9

키즈 철학
활동지로
상위 1%로
성장시키기

철학 주제를 활용하여 키즈 철학하는 법

1. 철학 주제 '정의, 앎, 공정함' 중에서 한 가지 주제를 고릅니다.

예시 '닥터 필로스 경이로운 세계 책-앎'에 대한 주제를 고르고 생각을 했습니다.

2. 질문을 만들어서 공책에 씁니다.

예시 여러분이 학교에 간다는 것을 (아는 것)과 왜 학교에 가는지를 (아는 것)은 무슨 차이가 있나요?

실제 학생의 예시 답 학교에 간다는 것을 아는 것은 학생이 단지 월요일부터 금요일까지 학교에 등교해야 한다는 사실만 아는 것입니다. 그러나 왜 학교에 가야 하는지 아는 것은 학생이 왜 학교에 가야 하고 공부를 해야 하는 이유를 아는 것을 뜻합니다. 학교에 등교해야 한다는 사실만 아는 사람은 공부에는 관심이 없을 것이고 학교에 가야 하는 이유를 아는 사람은 공부와 학교 생활을 열심히 하고 즐겁게 할 것입니다.

예시 여러분의 집 주소를 (아는 것)과 여러분이 사는 집에 대해 (아는 것)은 어떤 차이가 있나요?

실제 학생의 예시 답 집 주소만 아는 것은 자기 집의 위치, 즉 도로명 주소만 아는 것이고 사는 집에 대해 아는 것은 집의 상황과 집에 살고 있는 가족들에 대해 자세히 아는 것을 뜻합니다. 예를 들어 택배 기사님이 우리 집 주소는 알 수 있지만 우리 집 안의 구조나 우리 집의 상황이나 가족들에 대한 정보는 모르고 있는 것처럼 집 주소를 아는 것과 사는 집에 대해 아는 것은 다릅니다.

예시 달걀 프라이를 만드는 방법을 (아는 것)과 달걀이 닭에서 나온다는 것을 (아는 것)은 무슨 차이가 있나요?

실제 학생의 예시 답 달걀 프라이를 만드는 방법을 아는 것은 요리 방법을 아는 것이고, 달걀이 닭에서 나온다는 것을 아는 것은 달걀이 나오게 된 과정과 원인에 대해 아는 것을 뜻합니다.

실제 학생의 예시 답 나는 아는 것은 모르는 지식을 새롭게 아는 것이라고 생각했습니다. 그런데 아는 것에는 이유와 원인을 아는 것도 있다고 알게 되었습니다. 그리고 부분만 아는 것도 있고 전체를 아는 것도 있다는 것을 알게 되었습니다.

그중에서 특히 원인, 즉 근원을 알아 간다는 것이 가장 흥미로웠습니다. 왜냐하면 나는 사람들이 밝혀 놓은 과학적 사실이나 지식 등을 많이 알면 된다고 생각했는데 그 결과들보다도 원인과 근원을 알면 더 쉽게 이해할 수 있을 것 같았기 때문입니다. 결과적 지식만 외우는 것이 아니라 원인과 과정을 알면 자연스럽게 이해가 됩니다. 그래서 이제는 무엇을 알아 갈 때에도 '왜 그럴까? 어디서부터 그렇게 되어 왔을까?'라는 원인을 알아보는 공부를 해야겠다고 깨달았습니다.

3. 완전한 문장으로 쓴 후 다 쓴 글은 큰 소리로 또박또박 발표합니다.

4. 마지막으로 선생님이나 부모님이 글 전체를 첨삭해 주는 과정을 거칩니다.

- 주어와 서술어가 맞지 않는 비문, 세 문장 이상을 연결하여 쓴 겹문장, 접속어를 적절하게 사용하지 못한 경우, 맞춤법이 틀린 경우, 과학적 근거나 타당한 근거를 활용하지 못한 경우 선생님과 부모님이 체크하여 고쳐 주면 글이 훨씬 완벽해집니다.

● 활동지: 공정함이란 무엇일까?

1. 질문을 세 가지 써 봅니다.

Q1)

Q2)

Q3)

2. 질문에 대한 답을 써 봅니다.

A1)

A2)

A3)

02 과학책을 활용하여 키즈 철학하는 법

1. 집에 있는 과학책을 고르고 읽습니다.

예시 《끝없는 우주》라는 책을 고르고 읽었습니다.

2. 질문을 만들어서 공책에 씁니다.

예시 우주에 갈 때 가지고 갈 물건을 쓰고, 왜 그 물건들을 가지고 가고 싶은지 이유를 써 보세요

3. 완전한 문장으로 쓴 후 다 쓴 글은 큰소리로 또박또박 발표합니다.

예시 우주에 갈 때에는 산소통, 우주식량, 우주복, 물을 가지고 갈 것입니다. 왜냐하면 우주에는 공기가 없기 때문에 숨을 쉴 수 없어서 생물이 살 수 없기 때문입니다. 그래서 산소통과 산소 마스크를 가지고 가지 않으면 10분도 버티지 못하고 죽을 수도 있습니다.

우주에 공기가 없는 이유는 중력이 없어서 공기를 붙잡아 둘 수가 없기 때문입니다. 따라서 일정한 온도를 유지할 수가 없습니다. 태양이 가까워지면 아주 뜨겁게 온도가 올라가서 화상을 입을 수도 있고 태양과 멀어지면 온도가 영하로 내려가서 동상을 입을 수도 있으므로 우주복도 꼭 입어야 합니다.

식량의 경우에는 지구에 있을 때와 똑같이 먹을 수 없습니다. 우주에는 중력이 없으므로 국물이나 음식물이 둥둥 떠다녀서 먹을 수가 없기 때문입니다. 따라서 우주 식량을 들고 가야 하는데 튜브 안에 죽처럼 된 음식물을 짜서 먹거나 동결건조시켜 만든 우주식량을 들고 가야 합니다.

마지막으로 물을 가져갈 것입니다. 물이 없으면 사람은 3일도 살 수가 없습니다. 그래서 물을 들고 가야 하는데 우주에는 물이 둥둥 떠다니기 때문에 호스나 튜브를 통해서 조심히 먹어야 할 것입니다. 그리고 물이 떨어지면 산소통에 가져간 산소와 우주에 있는 수소를 결합시켜서 물을 만들어서 먹을 것입니다. 왜냐하면 물은 수소 두 개와 산소 한 개가 결합하여 만들어진 분자이기 때문입니다.

- 이렇게 소리내어 읽다 보면 스피치 연습도 자연스럽게 되고 비문과 어색한 문장도 알게 되어 고칠 수 있게 됩니다.

4. 마지막으로 선생님이나 부모님이 글 전체를 첨삭해 주는 과정을 거칩니다.

- 주어와 서술어가 맞지 않는 비문, 세 문장 이상을 연결하여 쓴 겹문장, 접속어를 적절하게 사용하지 못한 경우, 맞춤법이 틀린 경우, 과학적 근거나 타당한 근거를 활용하지 못한 경우 선생님과 부모님이 체크하여 고쳐 주면 글이 훨씬 완벽해집니다.

● 활동지 : 식물에 대해서

1. 질문을 세 가지 써 봅니다.

Q1) _____

_____

Q2) _____

_____

Q3) _____

_____

2. 질문에 대한 답을 써 봅니다.

A1) _____

_____

_____

A2) _____

_____

_____

A3) _____

_____

_____

03 수학책을 활용하여 키즈 철학하는 법

1. 집에 있는 수학책을 고르고 읽습니다.

예시 《수학 뒤집기-다각형》이라는 책을 고르고 읽었습니다.

2. 다양한 질문을 깊이 있게 파고들어 공책에 씁니다.

예시 원, 삼각형, 사각형, 오각형, 육각형 중에서 가장 좋아하는 도형을 고르고 이유를 써 보세요.

3. 완전한 문장으로 쓴 후 다 쓴 글은 큰소리로 또박또박 발표합니다.

예시 제가 가장 좋아하는 도형은 원입니다. 그 이유는 원은 잘 굴러가기 때문입니다.

- 이렇게 답변이 짧은 아이들의 경우에는 선생님이나 부모님이 다시 2단계로 돌아가서 꼬리에 꼬리를 무는 질문을 합니다.

"원은 왜 잘 굴러갈까요? 잘 굴러가면 어떤 장점이 있을까요?"

"원은 바닥에 닿는 면적이 작아서 잘 굴러갑니다. 사각형과 삼각형은 굴러가는 것같이 가다가도 바닥에 닿는 면적이 넓어서 바닥에 우뚝 서기 때문입니다. 원처럼 잘 굴러갔을 때 장점은 자동차나 자전거의 바퀴로 쓸 수 있고 공놀이를 할 때에도 잘 굴러가서 재미있게 놀이를 할 수 있습니다."

"그러면 원이 너무 잘 굴러가서 생기는 단점도 있을까요?"

"있습니다. 너무 잘 굴러가면 세워 두고 보관하기 힘듭니다. 그리고 쌓아 둘 수도 없어서 불편한 단점이 있습니다."

"그럼 잘 세워 둘 수 있고 쌓기에도 편한 도형에는 어떤 도형이 있을까요?"

"잘 세워 두고 쌓기에도 편한 도형에는 삼각형, 사각형, 육각형이 있습니다. 박스를 쌓을 때에 사각형 모양의 박스로 쌓고, 삼각형 모양을 바로 세우고 거꾸로 세워서 붙이면 잘 쌓을 수 있습니다. 그리고 육각형을 붙여서 쌓으면 벌집 구조로 만들 수 있습니다."

"왜 벌은 여러 가지 다각형 중에 육각형 구조로 벌집을 만들고 꿀을 채울까요?"

4. 마지막으로 선생님이나 부모님이 글 전체를 첨삭해 주는 과정을 거칩니다.

- 철학적 주제로 수업을 할 때에는 아이들이 생각하는 데에 온전히 집중할 수 있도록 맞춤법이나 문장의 어순이 맞지 않더라도 고쳐 주지 않습니다. 아이들이 자유롭게 생각하고 자신의 느낀 점을 자신 있게 말할 수 있도록 기회를 줍니다.

● 활동지: 다각형

1. 질문을 세 가지 써 봅니다.

Q1) _____

_____

Q2) _____

_____

Q3) _____

_____

2. 질문에 대한 답을 써 봅니다.

A1) _____

_____

_____

_____

A2) _____

_____

_____

_____

A3) _____

_____

_____

04
창작 동화책을 활용하여 키즈 철학하는 법

1. 집에 있는 창작 동화책을 고르고 읽습니다.

예시 《벗지 말걸 그랬어》라는 책을 고르고 읽었습니다.

2. 나에게도 책의 내용과 비슷한 '경험'이 있는지 생각해 봅니다.

- 경험이 없다고 하는 아이의 경우, 선생님이나 부모님은 자신의 비슷한 경험을 먼저 이야기해 주면 됩니다. 그리고 비슷한 경험을 먼저 떠올린 친구가 있다면 친구의 이야기를 듣게 합니다. 그리고 최대한 비슷한 경험을 찾아내게 합니다. 끝까지 못 찾겠다고 하면 다른 사람의 경험을 듣는 것만으로도 이해의 폭이 넓어지는 과정이 됩니다.

3. 일기처럼 자유로운 형식으로 글짓기를 합니다.

- "나는 왜 그런 기분이 들었을까?"처럼 묻는 문장을 활용하고, 대화체를 사용하거나 흉내내는 말, 의성어와 의태어를 많이 활용하면 글짓기가 쉽고 재미있어집니다.

예시 "나는 머리가 큰 걸까? 옷을 벗을 때, 꽈—악 끼니까요. 그러면 앞이 잘 안 보여요."

"내 머리는 수박 같아요. 왜냐하면 내 얼굴은 수박같이 둥글둥글하기 때문이에요."

"루미도 옷을 벗을 때, 나처럼 옷 벗기가 힘들대요. 내가 옆에 있으면 도와줄 건데……"

"거미에게 부탁해야지! 거미야~ 잘 늘어나는 거미줄로 옷 좀 만들어 줄래?"

- 다른 친구들의 경험을 담은 글짓기 발표를 함께 듣고 공감하다 보면 다양한 삶의 경험에 대한 이해의 폭이 넓어집니다. 그리고 무엇보다도 친구에 대해 더 많이 알게 되고 사이가 깊어집니다.

4. 친구들 앞에서 자신이 쓴 글을 돌아가면서 읽고 박수를 칩니다. 그리고 어느 문장이 좋았는지 그 문장을 골라 주면서 서로 칭찬해 줍니다.

● 활동지: 《벗지 말걸 그랬어》를 읽고

1. 처음, 중간, 끝에 대한 개요짜기를 합니다.

처음–내 경험
_____

중간–줄거리, 느낀 점
_____

끝–깨달음
_____

2. 글짓기 형식에 맞추어 개요를 보고 글을 씁니다.

_____

_____

_____

_____

_____

_____

_____

_____

_____

_____

_____

_____

역사책을 활용하여 키즈 철학하는 법

1. 집에 있는 역사책을 고르고 읽습니다.

예시 《으랏차차 한국사》라는 책을 고르고 읽었습니다.

2. 조금 엉뚱한 질문을 했을 때에도 무시하지 않고 경청하며 함께 생각해 줍니다.

예시 "옛날에는 왜 지금 있는 물건들인 책상, 의자, 비누 등이 없었을까요?"

"같은 지역이나 도읍지였는데 시대에 따라 이름이 왜 다른가요?"

"왕의 어렸을 때 이름과 역사책에 기록된 왕의 이름이 다른 이유는 무엇인가요?"

3. 완전한 문장으로 쓴 후 다 쓴 글은 큰소리로 또박또박 발표합니다.

실제 학생의 예시 답 같은 지역이었는데 시대마다 이름이 변화한 이유는 그 나라가 멸망을 하고 다시 건국되었기 때문입니다. 과거 삼국시대 때는 고구려, 백제, 신라를 통일하면서 통일 신라로 이름이 다시 바뀌었습니다. 그리고 나중에 고구려와 백제를 그리워하던 유민들이 다시 후고구려와 후백제를 세우고 이 세 나라를 왕건이 다시 통일했으므로 통일한 나라는 또다시 새로운 나라가 됩니다. 그래서 이름을 고려라고 바꾸게 된 것입니다. 이때에는 이름만 바뀌는 것이 아닙니다. 백성들이 내는 세금이나 관리들에게 월급을 주는 제도나 교육제도 등 법과 제도가 바뀌는 것을 포함합니다.

4. 마지막으로 선생님이나 부모님이 역사책을 참고하여 역사적 사실을 정확하게 짚어 주는 과정을 거칩니다.

- 엉뚱해 보이는 학생의 질문이지만 진정으로 학생이 궁금해한 질문을 함께 해결하다 보면 자기주도적으로 학습할 수 있고 공부에 대한 집중도도 아주 높아집니다. 그리고 엉뚱해 보이던 질문도 역사책을 기준으로 삼아 역사적 사실을 바탕으로 알려 주고 함께 공부하다 보면 지식이 확장되는 것을 느낄 수 있습니다.

● 활동지: 삼국시대 편

1. 질문을 세 가지 써 봅니다.

Q1) _____

_____

Q2) _____

_____

Q3) _____

_____

2. 질문에 대한 답을 써 봅니다.

A1) _____

_____

_____

A2) _____

_____

_____

A3) _____

_____

_____

글짓기 대회를 활용하여 키즈 철학하는 법

#산문편

글짓기 대회 산문 부문 준비 방법은 키즈 철학 수업 방법 중에서 창작동화 수업 활용법을 참고하면 아주 쉽고 결과물도 좋은 글을 쓸 수 있습니다.

1-1. 글짓기 대회의 경우 대회의 요강을 살펴보고 지정 도서를 고르거나 도서 없이 단순히 글쓰기 주제만 주는 경우에는 주제에 맞는 자신의 경험을 떠올리면 됩니다.

- 이때 주제와 관련 있는 자신의 경험을 떠올리며 글의 내용을 정리하기 쉬운 방법으로는 마인드맵과 브레인스토밍이 있습니다.

1-2. 나만의 글짓기를 하는 경우 집에 있는 창작 동화책을 고르고 읽습니다.

예시 《이불바다 물고기》라는 책을 고르고 읽었습니다.

2. 책이 짧고 주제가 분명하게 드러나는 경우에는 바로 나에게도 책의 내용과 비슷한 '경험'이 있는지 생각해 봅니다.

- 그러나 책의 분량이 길고 주제가 바로 드러나지 않는 경우에는 줄거리 요약과 주제 파악을 먼저 해야 합니다. 그리고 줄거리 요약을 처음부터 하는 방식보다는 자신이 가장 인상 깊었고 감명 깊었던 부분의 페이지를 쓰고 요약을 해 나가는 방법을 추천합니다.

예시 《이불바다 물고기》의 줄거리 요약 정리(P19~) - 해성이는 학교 앞을 가다가 어떤 형을 만나서 수다를 떨고 다시 할머니를 보러 갔다. 그때 어떤 고래 아저씨를 만났다. 그 아저씨는 할머니를 알고 있었다. 해성이는 할머니를 찾으려고 가고 있을 때에도 그 형을 또 만났다. 그 형 덕분에 할머니가 어디에 있는지 알 수 있었다. 거기를 가 보니 할머니가 있었다. 해성이는 할머니에게 선물을 드리고 재미있는 시간을 보냈다. 그런데 할머니가 웃을수록 할머니의 모습이 점점 흐려지더니 동시에 해성이 몸의 하얀 비늘도 하나둘씩 사라졌다. 그리고 할머니는 하늘 높이 날아가 버렸다. 해성이는 다시 사람으로 돌아왔다. 해성이는 할머니 물고기를 손으로 만지며 볼도 갖다 댔다.

"할머니, 여기 계시다가 가고 싶은 곳으로 가세요. 그리고 또 오세요."

이렇게 말했다.

3. 먼저 일기처럼 자유로운 형식으로 느낀 점을 써 보면서 나의 경험과 연결시켜 봅니다.

예시 해성이는 이제 할머니가 보고 싶을 때마다 이불 위에 예쁘게 수놓아진 할머니 물고기를 만져 보고 볼을 대 보면 될 것 같다고 느꼈다. '그럼 언제든지 할머니를 만날 수 있고 할머니를 느낄 수 있겠지?'

예시 《이불바다 물고기》에 대한 느낀 점과 나의 경험 연결 짓기

나도 우리 할머니를 좋아한다. 할머니는 우리 아파트 같은 라인 24층에 할아버지와 함께 살고 계신다. 우리 집이랑 7층 차이가 나서 아주 가깝다. 그래서 자주 간다. 할머니가 안 계신 24층은 상상도 하기 싫다. 나중에 내가 커서 다른 지역으로 이사를 가게 된다면 할머니가 주신 팔찌를 생각할 것이다. 이 팔찌를 생각하면 할머니도 떠올릴 수 있을 것 같다. 할머니가 주신 팔찌는 마음과 정성들이 담겨 있어서 한 알씩 넘길 때마다 할머니의 마음이 전해진다. 할머니는 맨날 할아버지만 챙겨 드리고 남은 음식들을 드신다. 그래서 할머니께 떡을 사 드릴 거다. 할머니는 떡 중에서도 인절미를 제일 좋아하신다. 언제가 한 번은 할머니가 음식을 편하게 드실 거라고 믿는다.

"사랑하는 할머니! 제가 어른이 될 때까지 건강하게 사세요!"

4. 처음, 중간, 끝의 글짓기 형식에 맞추어 글을 씁니다.

- 처음 - 나의 경험을 이야기합니다.
  중간 - 책의 줄거리와 나의 느낀 점을 함께 씁니다.
  끝 - 책의 주제와 나의 깨달음이나 감동받은 부분을 강조하여 다른 사람들과 이야기를 나누고 공감하는 글을 쓰도록 합니다.

● 주제만 나온 경우의 글짓기 대회 (저학년부 예시)

주제 - 여름

글짓기에 앞서 주제만 주는 글짓기 대회에서는 '마인드맵'과 '브레인스토밍'을 활용하면 주제와 자신의 경험과 관련된 자신의 생각을 정리하기 쉽습니다.

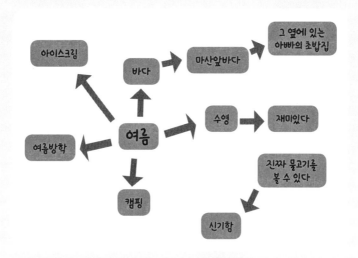

제목: 시원한 바다

마산 바다 옆에는 우리 아빠 초밥집이 있다. 봄, 여름, 가을, 겨울, 사계절 내내 초밥을 좋아하는 손님들이 많이 온다. 하지만 여름에는 비도 많이 오고 너무 더워서 생선이 빨리 상한다고 생각해서 손님들이 적게 온다고 한다. 사실은 냉장고가 있으니까 괜찮은데 사람들이 그렇게 생각하

227

는 것 같다. 여름에 초밥을 먹으면 시원하고 바다 향기도 나서 더 맛있는데 사람들은 왜 그걸 모를까? 사람들이 이 사실을 몰라 줘서 아빠도 여름을 별로 안 좋아하기로 하신 것 같다.

하지만 나는 여름이 너무 좋다. 여름에는 여름방학도 있으니까 여름이 안 좋을 이유가 없다. 여름방학 때는 바다에서 수영을 할 수도 있기 때문이다. 늘 아빠 초밥집 수족관에서만 보던 물고기들이 아니라 직접 바다 수영을 하면서 만나는 물고기들은 훨씬 작고 다양한 얼굴을 하고 있다. 수족관에 있는 물고기들은 크고 통통하다. 그런데 바다 수영을 하면 귀엽고 신기한 처음 보는 물고기들도 많아서 그 물고기들과 놀다 보면 시간 가는 줄을 모른다.

그리고 나는 수영장보다 바다 수영을 좋아한다. 여름이 되어서 더울수록 바다 속에 들어가기가 좋다. 바다의 짠물이 수영장의 소독 냄새 나는 물보다 훨씬 좋다. "소금 나와라!" 했다가 소금을 멈추지 못하고 요술 맷돌을 바다에 떨어뜨린 도둑 때문에 바닷물이 아직도 짠 건지, 아니면 상어가 바다 쓰레기 때문에 울다 보니 바다가 짜게 된 건지 모르겠지만 바다의 짠물까지 나는 좋아한다.

여름은 아빠는 별로 안 좋아하고 나는 좋아하지만 바다는 아빠도, 나도 모두 좋아한다. 아빠는 바다가 없으면 일을 하실 수 없고 나는 바다가 없으면 여름이 불행해질 것이다.

● 활동지: 창작 글짓기와 글짓기 대회 준비 1단계

_마인드맵 그리기

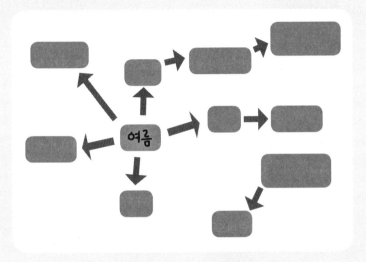

● 활동지: 창작 글짓기와 글짓기 대회 준비 1단계

_브레인스토밍 그리기

● 주제만 나온 경우의 글짓기 대회(고학년부 예시)

주제 – 군것질

제목: 군것질

"슈퍼에 허니버터칩이 한 봉다리 남았더라고? 그래서 바로 골라 왔지!"

"역시 우리 외할머니가 최고!"

우리 외할머니는 일하러 가신 엄마 대신 낮에 우리를 돌봐 주시러 와 계신다. 엄마보다 훨씬 친절하시고 착한 마음씨의 소유자이시기 때문에 우리에게 군것질을 허락해 주신다. 우리 집에 제일 어른이신 외할머니께서 허락해 주셨으면 허락은 다 받은 것이나 다름없다. 엄마가 안 계신 틈을 타서 요즘 내가 1순위로 좋아하는 군것질 허니버터칩을 입에 던져 넣는다.

"바사삭."

바사삭 소리 한 번이면 어느새 아홉 살 동생이 내 옆에 자석처럼 끌려와서 딱 붙어 앉는다. 바사삭 소리 두 번이면 예순네 살이신 우리 외할머니도 은근슬쩍 살랑 부는 봄바람이 되어 옆에 앉으신다. 55년 나이의 휴전선을 뛰어넘어 우리 가족은 통일을 이루었다.

'역시 우리는 한 민족, 한 가족이었군. 군것질하는 입맛도 유전인가?'

퇴근하고 오신 엄마도 허니버터칩을 꺼내셨다. 3대 모녀가 모여 허니버터칩으로 통일을 이루고 가족이 하나되니 이보다 행복한 시간이 어디 있을까? 마지막 한 조각이 남았을 때도 우리는 네 조각으로 나누어서 먹는다. 콩 한 쪽도 나누어 먹는 사이가 아니라 허니버터칩 한 조각도 나누어 먹는 사이가 되었다.

학교에 갔다 오면 거의 매일 군것질로 충전한 다음 학원에 가려고 준비한다. 학교를 다녀오면 배터리가 줄어든 폰처럼 에너지가 줄어들어 있기 때문이다. 폰을 충전하듯 나는 군것질로 충전을 시작한다. 허니버터칩은 짭조름하면서도 바삭바삭하고 꿀같이 달달한 맛, 세 가지를 다 가지고 있다. 짭조름한 맛이 입안에 가득 퍼지면서 버터향은 고소하다. 바삭바삭한 소리는 벌들이 날개를 비비면서 꿀을 실어 나르는 것처럼 내 입에 꿀을 실어다 주는 느낌이다. 그 맛과 소리를 자꾸만 느끼고 싶어서 허니버터칩을 쉬지 않고 입안에 홀라당 털어 넣어 버린다.

"충전 끝~!"

학원 가는 길에도 나를 유혹하는 군것질거리들은 너무 많다. 오늘은 우리 아파트 단지 안에 시장이 서는 날이다. '닭강정, 닭꼬치, 호떡, 오뎅……. 밥은 맛이 없는데 군것질거리들은 어떻게 전부 다 이렇게 맛있을까?' 이것이 바로 군것질에 대한 1대 미스터리이고, 2대 미스터리는 '과자는 왜 봉지 안에 든 양은 적은데 봉지만 클까?' 하는 것이다. 양은 적고 질소만 빵빵하게 채워져 있는 봉다리가 아주 원망스럽기 때문이다. 마지막으로 3대 미스터리는 '건빵 안에 든 별사탕은 왜 그렇게 적게 들어 있을까?'이다. 이 세 가지가 바로 군것질거리들을 먹다가 생긴 3대 미스터리이다.

그중에서 가장 궁금한 것이 바로 건빵 안에 적게 든 별사탕이다. 그 이유는 내가 허니버터칩 다음으로 좋아하는 군것질이 바로 별사탕이기 때문이다. 별사탕은 크기는 작지만 달달한 맛은 그 어떤 사탕보다 많다. 탁! 깨물었을 때, 달달한 맛이 혀와 이 사이에 사르르 퍼지고 어금니에 남은 달달한 맛은 혀로 문질문질하면 아주 달콤해서 별나라에 여행 간

기분이 들기 때문이다. 그래서 나는 이 좋은 군것질을 포기할 수 없다. 보기에도 예쁘고 맛도 좋고 재미있어서 눈, 코, 입, 귀, 손이 모두 모두 즐거운 군것질은 절대 포기할 수 없는 즐거움이다.

게다가 군것질은 타임머신이다. 군것질 타임머신을 타면 어릴 때의 기억으로 순식간에 돌아갈 수 있다. 쌍쌍바를 먹을 때마다 여덟 살 때의 추억으로 돌아간다. 친구와 쌍쌍바를 반으로 갈라 먹을 때에 가슴이 두근거렸던 추억은 지금도 쌍쌍바를 볼 때마다 생생하게 떠오른다. 정확하게 반으로 나뉘면 친구와 내 얼굴에 둘 다 미소가 스르르 번지지만 'ㄱ' 자로 잘리면 기분이 왜 그렇게 나쁘던지……. 쌍쌍바 때문에 우정에 금이 갈 뻔했다.

이제는 나중에 허니버터칩을 먹으면 열두 살 때로 돌아가는 타임머신을 탈 수 있을 것 같다. 외할머니, 엄마, 나, 동생, 우리 가족 3대가 제일 좋아하는 군것질이니까 말이다. 나중에, 아주 나중에 외할머니가 보고 싶을 때가 되면 허니버터칩을 사 먹을 것이다. 허니버터칩이 솜사탕, 별사탕, 건빵, 뻥튀기, 달고나처럼 오래오래 사라지지 않는 군것질로 남았으면 좋겠다.

● 활동지: 주제 글짓기

1. 처음, 중간, 끝에 대한 개요짜기를 합니다.

처음–내 경험

중간–줄거리, 느낀 점

끝–깨달음

2. 글짓기 형식에 맞추어 개요를 보고 글을 씁니다.

#운문편

글짓기 대회 운문 부문 준비 방법은 마인드맵이나 브레인스토밍 활용법을 참고하면 아주 쉽고 결과물도 좋은 글을 쓸 수 있습니다.

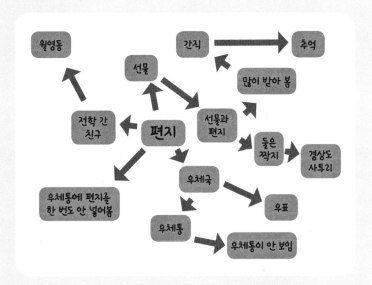

실제 학생의 예시

주제 – 편지

제목: 편지를 어떻게 부칠까

월영동으로 전학 간 친구에게

편지를 보내고 싶었다

그런데 편지는 어떻게 보내지?

편지를 어떻게 보낼지 모른다는
사실을 알게 되었다

예쁜 편지지도 만들고 색칠도 했다
그런데 편지는 어떻게 보내지?

우표를 붙여야 된다고 분명히 들었다
그런데 우표는 문방구에서 팔까?
우표는 도대체 얼마일까?

또 우체통은 왜 이렇게 안 보일까?
내 눈에만 안 보일까?

내가 열한 살이 될 동안
우표를 붙이고 우체통에 넣어
편지 한 통도 안 보내 봤다니…….

편지한테 미안해진다.

주제 - 봄

제목: 겨울이 지나면 꼭 봄이 온다

벚꽃이 휘날리는 따스한 3월,

나 혼자만 차가운 겨울

아침에 엄마 폰에 문자가 온 것을 보고

나의 봄은 순식간에 얼어 버렸다

'김서영 학생, 영재학급 불합격입니다'

6개월 동안 겨울을 기다린 씨앗처럼

합격을 꽃피울 날만 기다렸는데

내 노력은 다 어디로 갔는지 생각하니

서러움이 밀려왔다

눈물이 펑펑,

내 마음에는 11년 만에 최고의 폭설이 내렸다

3주 뒤,

엄마 폰에 문자가 다시 왔다

'진해군항제 전국백일장 장원 김서영'

웅크리고 겨울잠을 자던 다람쥐가
언 땅을 박차고 뛰쳐나오듯
동시에 겨울잠에 빠졌던 내 자신감도 깨어났다

봄이 되면 필 꽃은 꼭 피고
깨어날 동물은 꼭 깨어난다

동생한테 얘길 해 주었다
겨울이 지나면 꼭 봄이 온다고.

● 활동지: 동시 짓기

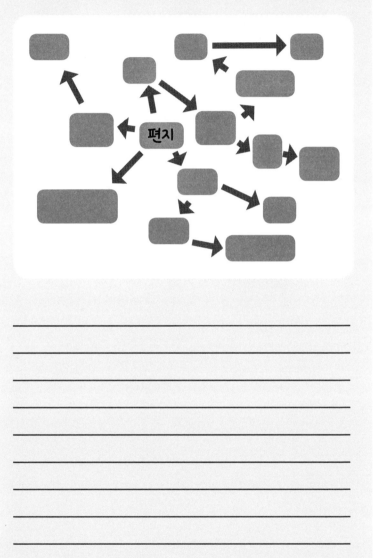

편지

_____

_____

_____

_____

_____

_____

_____

_____

_____

_____

07
상위 1% 자기 PR 적용으로 영재되기

#유채현 학생의 경남대학교 영재교육원 자기소개서

1. 지원한 분야에 특별한 흥미를 가지게 된 이유를 적어라!

온라인 수업에서 '효소'에 대해 알게 되어 신기했습니다. 효소에 의해서 탄수화물도 분해할 수 있고 단백질을 연화시키는 원리도 알 수 있었습니다. 그리고 효소에 의해 단백질을 응고시킬 수도 있었습니다. 어머니께서 불고기 요리를 하실 때 배와 사과를 갈아 넣어 소고기나 돼지고기의 단백질을 부드럽게 연화하는 것을 본 적이 있는데 같은 원리라는 것이 쉽게 이해가 되었습니다. 그리고 우리의 침에 들어 있는 아밀라아제라는 효소 덕분에 밥을 먹으면 녹말에서 포도당으로 분해가 되어 우리몸에 흡수가 쉽게 된다는 사실도 알고 효소의 신비로움에 대해 알게 되

없습니다. 그 후에 효소에 대해 궁금증이 생겨서 스스로 효소에 대해 자료를 조사하고 탐구 보고서를 작성해 보았습니다. 그러던 중에 미생물 학자들이 특정 곰팡이가 목재를 먹고 화학물질을 생산해 내는 것을 증명해 냈다는 것을 알게 되었습니다. 이 방법은 갈색 부패 곰팡이가 목재를 소화하고 그것을 재활용한다는 사실이었습니다. 지금까지는 생물 연료를 통한 화학물질 생산에는 인위적으로 만든 효소가 필요했지만 갈색 부패 곰팡이는 효소가 없이 화학물질을 생성해 낸다는 것이 신기했습니다.

그리고 '김연아 공중점프 따라하기-회전관성의 원리'가 제일 흥미있었습니다. 김연아 선수는 공중으로 뛰어오르기 전에 스케이트의 날을 이용해서 지면을 박차는 동작을 통해 강한 회전력을 얻습니다. 이 때 박차면서 각충격량이 발생한다는 사실을 알게 되었습니다. 각충격량 = 회전력 × 작용시간입니다. 일정시간 동안 물체에 작용한 회전력의 총합에 의해 결정이 됩니다. 이 각충격량은 공중에서의 각운동량도 결정 지었습니다. 아쉽게도 공중에서는 각충격량을 얻을 수 없기 때문에 회전관성을 조절하면 더 많이 회전을 할 수 있다는 것을 알게 되었습니다. 그리고 자세를 변화시키면 각 부위의 상대적 위치가 달라져 회전관성도 변화하기 때문이었습니다. 각운동량은 일정하게 유지되면서 회전관성을 줄이면 회전속도가 빨라지고 회전관성을 늘리면 회전 속도가 줄어든다는 사실을 알게 되었습니다.

이렇듯 인체의 자세를 변화시켜 회전관성을 조절함으로써 회전속도를 변화시킬 수 있으면 다이빙, 체조, 곡예 등에서 이러한 원리는 폭넓게 적용된다는 것을 알게 되었습니다. 또 저는 이렇게 스포츠의 과학 원리를 더 깊이 있게 공부한 다음, 장애인들의 올림픽인 패럴림픽의 스포츠 종목에 패럴림픽만의 새로운 운동 종목을 추가해서 넣고 싶습니다. 기존의 올림픽에서 하는 스포츠 종목에 기준을 낮추어 심사를 하는 방법도 있겠지만 장애인들의 인체에 맞추거나 휠체어와 같은 보조 기구를 사용할 수 있는 새로운 스포츠를 개발하여 패럴림픽의 수준을 높이고 전 세계의 장애인과 함께 행복하게 사는 세상을 만들어 나가고 싶습니다.

그리고 뇌와 컴퓨터를 연결해서 장애인을 치료하거나 도울 수 있는 방법도 탐구해 보았습니다. 뇌에 심어진 전극이 불편한 왼쪽 다리를 움직이려는 생각을 감지합니다. 그리고 다리를 움직이려는 생각을 다시 전기 신호로 바꾸어 척수를 타고 내려갑니다. 다리 운동 신경과 연결된 의족에 전기 신호가 들어갑니다. 그 결과 전기 신호가 기계를 조작하여 의족이 움직이는 원리입니다. 스티븐 호킹 박사님도 루게릭 병으로 온 몸이 마비가 되었을 때 손가락과 발가락을 움직여서 단어를 누르면 컴퓨터가 소리를 내 주는 방식으로 연구를 하셨습니다. 제 꿈도 장애인에게 도움이 되는 신약 개발자나 로봇 개발자이기 때문에 로봇이 응급상황과 장애인에게 도움이 되는 과학 기술을 개발하기 위해 계속 열심히 공부해야겠다고 생각했습니다.

2. 지원한 분야와 관련해 탐구한 활동의 내용을 적어라!

저는 효소에 관심이 많습니다. 그래서 저는 장애인들이 잘 움직일 수가 없어서 살이 많이 찌는 비만이 생길 가능성이 많은데 효소 연구를 통해 체지방을 분해하는 의약품을 개발해 보고 싶다는 생각이 들었습니다. 갈색 부패 곰팡이는 효소가 없이 생물 연료 분해에 필수적인 효소와 비슷한 효과를 발휘하는 성분을 분비한다는 것이 신기했습니다. 효소가 없이 만들어진 이 화학물질의 성분은 '하이드록실 라디칼'이라는 물질로서 세계에서 가장 강한 산화제이자 인체에도 무해한 물질의 특성을 갖고 있다는 것을 알게 되었습니다. 하이드록실 라디칼은 여러 분야에 쓰이지만 최근에 가장 큰 문제인 코로나 바이러스 살균 스프레이에도 사용할 수 있다는 것을 아이디어로 얻게 되었습니다. 이처럼 곰팡이가 생물 연료를 분해하여 화학물질을 생산하는 과정을 밝혀 낸 것이 놀라웠습니다. 이 갈색 곰팡이를 이용해서 효소 분해를 하면 앞으로 생물 연료를 기반으로 한 화학물질 생산의 새로운 혁신이 일어난다는 것을 알게 되었습니다. 생물연료는 생물체를 열분해시키거나 발효를 시켜서 얻은 연료로 에너지를 만들어서 전기를 만들거나 에너지로 활용하는 것을 말합니다. 화학에너지보다 이산화탄소 배출량과 질산, 황 등의 온실가스 배출량이 적기 때문에 신재생 에너지로서 적합하다고 볼 수 있습니다. 그런데 신재생에너지의 단점이 환경은 보호하지만 비용이 많이 든다는 것입니다. 그런데 비용도 많이 들지 않고 인체에도 무해해서 코로나 살균 스프레이에도 쓰일 수 있다고 하니 더 연구해 보고 싶다는 생각이 들었습니다.

3. 자신의 장점과 단점을 보완할 방법을 생각해서 적어라!

저의 장점은 매일 책을 두 권 이상씩 읽는 습관입니다. 책은 저의 가장 좋은 친구이자 제가 모르는 것을 언제든지 가르쳐 주는 선생님입니다. 책을 읽느라 엄마께서 밥 먹으라고 부르시는 소리도 못 들은 적이 많습니다. 책을 통해서 무인자동차의 발명에 따른 장점과 단점에 대해서도 생각해 보았고, 엘리베이터의 원리도 알 수 있었고, 뇌와 컴퓨터를 연결해서 장애인을 치료하거나 도울 수 있는 방법도 생각해 볼 수 있었습니다. 그래서 저는 계속 책을 열심히 읽으면서 궁금한 점도 물어보고 부족한 지식도 채워 가고 즐겁게 공부해 나갈 것입니다.

저의 단점은 컴퓨터를 사용하거나 계산기를 사용하는 등 쉽고 빠르게 일을 처리하는 것을 좋아하고, 귀찮고 시간이 오래 걸리는 것을 싫어한다는 것입니다. 그런데 쉽고 빠르게 일을 처리하려고만 하다 보면 공부를 할 때나 과학 원리를 익힐 때 원리를 완전히 이해할 수 없을 수도 있다는 생각이 들었습니다. 오히려 복잡하고 오랜 시간에 걸쳐서 과학 원리를 탐구하고 실험을 하고 관찰할 때에 몰랐던 과학 원리도 찾아낼 수도 있고 새로운 과학적 사실을 발견할 수도 있다는 것을 깨달았습니다. 그래서 저는 빠르고 쉬운 방법보다는 일부러 실험관찰 보고서도 써 보고, 탐구보고서도 써 보면서 과학 원리와 기초를 쌓기 위해 열심히 개념서와 이론서 공부를 해 나가고 있는 중입니다. 그래서 실험 과정을 관찰할 때에는 분마다, 초마다 정확하게 실험 과정을 관찰하고 적어 놓았습니다. 그 후, 실험 결과를 통해 새로운 사실을 알게 되면 아주 뿌듯함을 느꼈습니다.

4. 본인이 열정을 가지고 해 온 활동 내용을 구체적이고 논리적으로 적어라!

운동을 좋아하기 때문에 '김연아 공중점프 따라하기-회전관성의 원리'가 제일 흥미 있었습니다. 김연아 선수는 공중으로 뛰어오르기 전에 스케이트의 날을 이용해서 지면을 박차는 동작을 통해 강한 회전력을 얻습니다. 이때 박차면서 각충격량이 발생한다는 사실을 알게 되었습니다. 각충격량＝회전력×작용시간입니다. 일정 시간 동안 물체에 작용한 회전력의 총합에 의해 결정됩니다. 이 각충격량은 공중에서의 각운동량도 결정짓습니다. 아쉽게도 공중에서는 각충격량을 얻을 수 없기 때문에 회전관성을 조절하면 더 많이 회전할 수 있다는 것을 알게 되었습니다. 그리고 자세를 변화시키면 각 부위의 상대적 위치가 달라져 회전관성도 변화하기 때문이었습니다. 각운동량은 일정하게 유지되면서 회전관성을 줄이면 회전속도가 빨라지고 회전관성을 늘리면 회전속도가 줄어든다는 사실을 알게 되었습니다. 이때 각운동량은 회전관성×회전속도로서 회전하는 물체의 물리량을 나타내는 것이었습니다.

이렇듯 인체의 자세를 변화시켜 회전관성을 조절함으로써 회전속도를 변화시킬 수 있으면 다이빙, 체조, 곡예 등에서 이러한 원리는 폭넓게 적용된다는 것을 알게 되었습니다. 또 저는 이렇게 스포츠의 과학 원리를 더 깊이 있게 공부한 다음, 장애인들의 올림픽인 패럴림픽의 스포츠 종목에 패럴림픽만의 새로운 운동 종목을 추가해서 넣고 싶습니다. 기존의 올림픽에서 하는 스포츠 종목에 기준을 낮추어 심사를 하는 방법도 있겠지만 장애인들의 인체에 맞추거나 휠체어 같은 보조 기구를 사용할 수 있는 새로운 스포츠를 개발하여 패럴림픽의 수준을 높이고 전 세계의 장애인들의 삶의 질을 높여서 함께 행복하게 사는 세상을 만들어 나가고 싶습니다. 그리고 영재원에서 한 '효소의 마술'이라는 수업도 재미있었습니다. 그래서 저는 장애인들이 잘 움직일 수가 없어서 살이 많이 찌는 비만이 생길 가능성이 많은데 효소 연구를 통해 체지방을 분해하는 의약품을 개발해 보고 싶다는 생각이 들었습니다.

그리고 저는 하루에 책을 매일 두 권 이상씩 읽습니다. 책을 읽느라 엄마께서 밥 먹으라고 부르는 소리도 못 들은 적이 많습니다. 책을 통해서 무인자동차의 발명에 따른 장점과 단점에 대해서도 생각해 보았고, 엘리베이터의 원리도 알 수 있었고, 뇌와 컴퓨터를 연결해서 장애인을 치료하거나 도울 수 있는 방법도 생각해 볼 수 있었습니다. 뇌에 심어진 전극이 불편한 왼쪽 다리를 움직이려는 생각을 감지합니다. 그리고 다리를 움직이려는 생각을 다시 전기 신호로 바꾸어 척수를 타고 내려갑니다. 다리 운동 신경과 연결된 의족에 전기 신호가 들어갑니다. 그 결과 전기 신호가 기계를 조작하여 의족이 움직이는 원리입니다. 스티븐 호킹 박사님도 루게릭 병으로 온몸이 마비되었을 때 손가락과 발가락을 움직여서 단어를 누르면 컴퓨터가 소리를 내 주는 방식으로 연구를 하셨습니다. 제 꿈도 장애인에게 도움이 되는 로봇이나 프로그램을 개발하는 개발자이자 신약 개발자이기 때문에 로봇이 응급상황과 장애인에게 도움이 되는 과학 기술을 개발하기 위해 계속 열심히 공부해야겠다고 생각했습니다.

5. 장래희망과 진로계획에 대해 생각해 보고 적어라!

제 꿈은 장애인을 돕는 로봇 프로그램 개발자나 신약 개발자입니다. 이 꿈을 이루기 위해서는 여러 과학 분야의 통합적인 공부가 필요하다고 생각합니다. 생물, 물리, 화학, ICT 기술까지 다양한 과학 공부가 필요하다는 것을 느꼈습니다.

장애인의 뇌와 컴퓨터를 연결해서 뇌에 심어진 전극이 불편한 다리를 움직이려는 생각을 감지하면 그 생각을 다시 전기 신호로 바꾸게 합니다. 그 전기 신호는 척수를 타고 내려가 다리 운동 신경과 연결된 의족으로 전기 신호를 줍니다. 그러면 전기 신호가 기계를 조작하여 의족이 자유롭게 움직일 수 있는 원리였습니다. 이처럼 저는 로봇이 직접 장애인을 도울 수 있도록 장애인 보조 로봇도 개발하고 싶고 아니면 컴퓨터와 뇌를 연결하여 장애인에게 도움을 줄 수 있는 프로그램을 개발하고 싶습니다. 그리고 인공지능 기술과 빅데이터를 이용해 장애인을 도울 수 있는 방법을 생각해 보았습니다. 장애인의 건강상태를 바로 병원으로 전송하여 몸이 불편한 장애인이 약만 타러 가거나 건강검진을 자주 받으러 가는 수고를 덜고 병원과 연결이 되어 있어서 간단한 검진은 집에서 받을 수 있으면 좋겠다는 생각이 들었습니다.

그런데 제가 친구들에게 이런 이야기를 하면 친구들은 지루해 하곤 했습니다. 그러던 중에 엄마께서 경남대학교 영재교육원에 대해 말씀해 주셨습니다. 영재원에서는 친구들, 선배들과 선생님께 과학지식도 배우고 토론도 많이 할 수 있다는 이야기를 들었습니다. 영재원에 들어가서 실험도 하고 새로운 아이디어도 얻을 수 있다면 저에게 잊지 못한 좋은 기회가 될 것이라고 생각합니다. 그래서 영재원에 지원하게 되었고 열심히 임할 각오가 되어 있습니다. 그 후에 경남과학고등학교에 진학하여 과학과 수학 공부를 집중적으로 한 후에 조기 졸업하고 싶은 꿈도 있습니다. 그래서 졸업한 후에는 프로그램을 만들고 관리하고 분석하는 일도 하고 싶습니다. 컴퓨터와 관련된 다양한 일을 하는 사람이 되고 싶습니다. 전 세계의 장애인의 치료 과정과 기록 결과를 빅데이터를 통해 전 세계의 병원이 서로 정보를 공유해서 희귀병 치료에 도움을 주면 좋겠다는 생각도 있습니다. 이런 큰일을 하기 위해 지금부터 과학의 기초를 많이 쌓아 가야 한다고 생각합니다. 경남대학교 영재교육원에서 열심히 공부해 나가겠습니다.

Epilogue
인생 밑천은 있어야지!

❝ 여러분이 어린이들에게 키즈 철학을 가르치겠다는
다짐을 세우고, 함께 생각하고, 자유롭고 행복한 삶을 꿈꾼다면
언젠가는 진정으로 행복한 사람이 된다. ❞

교육을 하는 목적은 결국 아이들이 스스로 문제를 해결하고 자유롭
고 행복한 삶을 살 수 있도록 하기 위해서입니다. 이는 세상 모든 부모
님들과 교육 전문가들의 똑같은 마음이고 간절함이 담긴 소망입니다.

부모님들과 교육 전문가들은 '아이들이 어떻게 하면 자신이 원하는
꿈을 이루고 행복한 삶을 살아갈 수 있을까?'를 끊임없이 고민합니다.
그 꿈을 이루는 과정에서 공부를 잘해서 성적이 오르고, 원하는 학교에
갈 수 있길 간절히 바랍니다.

여러분이 이 책을 읽고 난 뒤 '우리 아이들을 어떤 목적으로 교육시
켜야 할지', '왜 공부를 시키고 성적을 올려야 할지', '현재 목표로 하는

꿈과 학교가 진정으로 아이가 원하는 꿈이고 학교인지', '과연 우리 아이에게는 어떤 교육을 중점적으로 해야 할지' 등 하나라도 고민이 시작된다면 지금부터 즉시 변화하고 성장할 것입니다. 이 책을 읽고 이러한 고민을 시작한 부모님들과 교육 전문가들은 이미 철학의 시작인 '질문과 생각'의 문으로 들어섰기 때문입니다. 여러분이 이제 갖기 시작한 고민은 미래에 자신의 꿈을 이룬 행복한 아이를 둔 부모님과 교육 전문가의 추억으로 남을 것입니다.

'필로스코 철학 논술' 센터를 남편과 함께 운영하고 철학 수업을 진행하면서 저도 많은 고민을 해 왔습니다. 과연 어렸을 때부터 키즈 철학 교육을 받는 것이 효과가 있을지, 성적을 높이는 것과 자신이 원하는 진로를 찾는 것은 얼마만큼의 관계성이 있는지, 수많은 학생들 중에서 어떻게 그 학생만의 잠재력과 특별한 능력을 발견하고 끌어올려 줄 수 있을지에 대해 고민하고 답을 내리는 과정을 수없이 반복했습니다. 그 결과 《키즈 철학이 상위 1% 아이를 만든다》를 펴낸 것입니다.

'필로스코 철학 논술' 센터에서 키즈 철학 수업을 운영하며 키즈 철학과 코칭 강사에 대한 수많은 편견에 부딪혀 왔습니다. 어린이가 철학을 할 수 있는지, 현실적인 공부와는 너무 동떨어진 것은 아닌지, 몇 번 수업을 듣다가 효과가 없다며 바로 포기해 버리는 학생들과 부모들, 철학과 정신적 행복의 가치는 물질적 행복의 가치보다 낮다며 무시해 버리는 사람들을 보면서 안타까웠습니다.

하지만 저는 세상에서 가장 사랑하는 아들 태양이에게 태어나면서부터 지금까지 철학 교육을 해 왔습니다. 언어는 어릴 때부터 교육해야 자연스럽게 익힐 수 있다고 하여 영어도 일찍 노출시켜 주었고, 수학도 사고력 수학, 교과 수학을 열심히 시키는, 한국 입시 교육에 관심 많은 엄마입니다. 그러나 무엇보다도 철학 교육을 가장 중요한 교육으로 중심에 세우고 책을 읽는 교육을 우선시했습니다. 그래서인지 아들 태양이에게 물어보면 "책을 읽는 시간이 가장 좋아요. 그리고 미술을 하면서 그림을 그리거나 생각을 표현할 때 행복해요."라고 이야기합니다.

지금의 제 아이가 자라서 저와 같은 서른아홉 살이 되었다고 가정해 보았습니다. 만약에 제 아이가 사회적으로 높은 지위의 직업을 갖고 가정도 이루고 부유하게 살고 있다고 합시다. 그러나 자신이 진정으로 하고 싶은 일을 하면서 행복하게 살고 있는지, 자신이 중요하게 생각하는 가치가 무엇인지에 대해 고민하고 있지 않다면 불행해집니다. 찰나의 행복을 찾아서 하루하루 소비하듯이 살아갈 것입니다. 그러나 철학적 사유를 할 수 있는 습관을 가진 아이가 자라 서른다섯 살 어른이 되어 가정을 이루었다면 늘 자신을 반성해 보고 하루의 삶에서 감사한 것과 부족한 것들을 분석하고 자족하는 삶을 살면서 균형 잡힌 삶을 살아갈 것입니다. 분석과 비교, 가치판단, 나 자신을 아는 것은 철학 교육의 기본입니다. 내면의 자아가 행복하니 다른 사람의 시선이 더 크게 작용하지 않습니다. 또한 나만 생각하는 이기적인 사고나 편협하게 나는 행복하다고 외치는 정신승리와도 다른 이야기입니다. 나를 정확하게 아는 아이가 어른이 되면 만족해 하고 감사할 줄 알며 행복을 위해 부단히 노력하는 성실한 사람이 되기 때문에 몸과 마음이 건강한 사람이 된다는 것을 말합니다.

저 또한 철학을 전공하기 전에 과잉보호와 지나친 사랑으로 인해 독립심이 부족했습니다. 그런데 철학을 전공한 후에 철학을 전공한 남편까지 만나면서 혹독한 훈련을 받아 독립적인 사람으로 변했습니다. 의존적인 저는 남편과 무조건 함께하기를 원했습니다. 하지만 남편은 각자 서로가 발전할 수 있는 기회를 갖고 독립된 개별성을 존중해 주는 것이 중요하다고 강조했습니다. 사랑은 상대방에게 자기가 원하는 좋은 것들을 주는 것이 아니라 상대방이 원하는 것을 할 수 있도록 시간과 기회를 주는 것이라는 사실을 깨닫게 해 주었습니다. 처음에는 '철학을 더 먼저 배운 남편이 왜 이렇게 독립성만 강조하고 이기적이며 사랑이 부족한 것일까?' 생각했던 적이 있습니다. 그런데 오히려 사랑이라는 이름으로 상대를 구속하려고 하는 것이 더 이기적임을 깨닫게 해 주었습니다. 저희 부부는 지금도 성장하고 있고 아이도 함께 성장해 가고 있습니다. 스스로 할 수 있는 것들이 많아지니 행복한 일도 더 많이 생겼습니다. 부모가 먼저 자율적으로 살아가고 독립하는 연습을 해야 아이에게도 독립을 가르칠 수 있음을 깨달았습니다. 가족을 통해 나 자신을 더욱 깊이 통찰하게 되었습니다. 사랑은 함께 성장해 나가는 것임을 알게 되었습니다. 그러면서 더 완전해지고 채워져 가는 것을 깨달았습니다.

그래서 제 가족들에게 감사의 인사말을 남기고 싶습니다. 늘 저를 위해 헌신하시는 엄마와 아빠께 가장 먼저 감사를 드리고 싶습니다. 딸이 사회에서 전문적인 역량을 펼치고 경력을 쌓아갈 수 있게 아이를 돌보면서 도와주신 덕분에 많은 사람들에게 좋은 영향력을 끼칠 수 있었다고 진심으로 감사를 전합니다. 그리고 저와 함께 한 방향을 향해 성장하고 같은 길을 걸어가고 있는 사랑하는 남편 박창용에게도 감사를 전합니다. 늘 바쁜 엄마 때문에 외로웠을 우리 아들 박태양에게도 진심으로 사랑하고 너의 엄마라서 행복하다고 말하고 싶습니다. 그리고 어릴 때부터 올바른 가치관과 신앙교육을 지도해 주신 합포교회 강승대 목사님께 감사를 드립니다. 철학을 제대로 배우고 사회에서 활발하게 활동할 수 있도록 지속적으로 조언해 주신 이훈 교수님과 김재현 교수님께도 감사를 드립니다. 책을 써서 많은 사람들에게 정보를 나누자고 용기를 주시고 지지해 주신 필로스코 철학 논술 학부모님들과 학생들, 창원 성민여자고등학교 선생님들과 학생들에게 감사드립니다. 또한 책을 출판하기까지 저를 믿어 주시고 도움을 주신 오렌지연필 출판사 대표님과 편집부 식구들께도 감사드리며 무궁한 발전을 기원합니다.

제가 가족 다음으로 좋아하는 철학 교육이 서울, 수도권, 지방 할 것 없이 더 활발하게 이루어지기를 바랍니다. 그래서 어린이 철학보다 좀 더 친근한 이름으로 불리길 바라는 마음으로 '키즈 철학'이라는 이름을 붙였습니다. 그리고 본격적으로 키즈 철학을 세상에 알리기 위해 결심했습니다. 제가 스물세 살이 되었을 때, 어린이 철학 교육을 배우기 위해 무작정 문을 두드렸던 그 마음을 기억하면서 다시 한 번 키즈 철학의 중요성을 세상에 크게 외쳐 보려 합니다. 나중에는 공교육 제도 안에서도 논리학, 철학이라는 수업으로 더 많은 학생들이 철학을 배울 수 있기를 꿈꾸면서 오늘도 철학 교육을 묵묵히 해 나가고 있습니다.

만약 여러분이 키즈 철학 교육과 강사가 되는 과정에 관심이 있어 이 책을 읽었고, 그 후에도 여전히 키즈 철학을 적용하지 못한다면, 이유는 하나뿐입니다. 키즈 철학을 적용하여 좀 더 행복한 삶을 사는 사람이 되겠다고 다짐하지 않았기 때문입니다. 매일 매일 《키즈 철학이 상위 1% 아이를 만든다》를 보면서 적용해 나가는 실천이 가장 어려운 일이면서도 중요한 일이라는 사실을 잊지 마시길 바랍니다.

철학 교육에 관심을 갖고 철학 교육을 받은 그 자체가 이미 상위 1%의 삶을 살고 있는 것이라 확신합니다. 철학 교육을 통해 자존감이 높고 동기부여가 된 아이들은 자기가 원하는 대학에 진학하고 자아실현을 해 나갈 것을 믿어 의심치 않습니다. 이렇게 사회에서 꼭 필요한 인재가 되어 세상을 더 아름답게 변화시켜 나갈 상위 1%가 될 것이고 이것은 곧 철학 교육이 그 아이들에게 준 선물입니다. 이 선물을 모두가 받았으면 참 좋겠습니다.